おとぎの国の夢折り紙

川崎敏和
Toshikazu Kawasaki

もくじ

★ かんたん　★★ それほどむずかしくない　★★★ チャレンジしがいがあり

🕐 あまり時間はかからない　🕐 少し時間がかかる　🕐 かなり時間がかかる

この本の使い方 ……… 4

記号と基本的な折り方 ……… 5

星の王子さま ……… 6

- ヒツジ ……… 7　★★　🕐
- バオバブ ……… 12　★★　🕐
- 群生するバラ ……… 22　★★　🕐

　　共通 Step 1　くちばしパーツと半くちばしパーツを作る …… 25
　　共通 Step 2　ブロックを作る ……… 26
　　共通 Step 3　ブロックを縦組みする ……… 27
　　共通 Step 4　ブロックを横組みする ……… 27
　　共通 Step 5　ブロックにフタをする ……… 28

- 王子さまの薔薇 ……… 30　★★★　🕐
- キツネ（フェネックス）……… 34　★　🕐

浦島太郎 ……… 38

- 海亀 ……… 39　★★　🕐
- ヒラメ ……… 44　★　🕐
- 竜宮城 ……… 47　★★　🕐

　　共通 Step 6　箱（部屋）を作る ……… 49

シンデレラ ……… 56

- かぼちゃの馬車 ……… 57　★★★　🕐

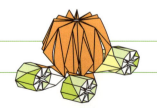

- ● シンデレラのお城 ……… 68　★★★ 🕐
  - Part 1　門を作る ……… 70
  - Part 2　城壁を作る ……… 76
  - Part 3　館を作る ……… 81

銀河鉄道の夜 ……… 90

- ● 星の輝き ……… 91　★★ 🕐
- ● お星さま ……… 94　★★ 🕐
- ● ラッキースター ……… 97　★ 🕐
- ● スーパーノヴァ（超新星） ……… 99　★★★ ❗
  - Lesson　らせん折りの練習 ……… 99
  　　　　　うず留めの練習 ……… 100
  　　　　　うず組みの練習 ……… 100
- ● 銀河鉄道 ……… 105　★★★ 🕐
  - Part 1　車輪を作る ……… 107
  - Part 2　台車を作る ……… 109
  - Part 3　機関車を作る ……… 112
  - Part 4　炭水車を作る ……… 116
  - Part 5　客車を作る ……… 121

ジャックと豆の木 ……… 126

- ● ジャックの豆の木 ……… 127　★★ ❗

写真に使用した用紙一覧 ……… 134

おわりに ……… 135

この本の使い方

作品のむずかしさ

むずかしさに応じて、星のマークで表しています。

★☆☆ …… かんたん
★★☆ …… それほどむずかしくない
★★★ …… チャレンジしがいがあり

かかる時間について

作品を完成させるのにかかる時間の目安を示しています。
折る作品を選ぶときの参考にしてください。

🕐 あまり時間はかからない ……… コツがわかれば、それほど時間はかかりません。
🕐 少し時間がかかる …………… 工程が少し長いので、多少時間がかかります。
🕐 かなり時間がかかる …………… 大作なので、時間をたっぷりかけて仕上げてください。

上手に折るための3つのコツ

1 折り目をしっかりつける

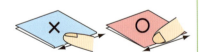

指の腹で押したけではダメ!

必ずツメを立てて、折り目をきちんとつぶしましょう。

2 フチをきちんと合わせる

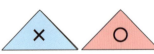

ズレを見のがさない。
フチを正確にそろえましょう。

3 次の工程図も見る

次の図を見ることで、
3角形になることや、
紙の重なりがわかります。

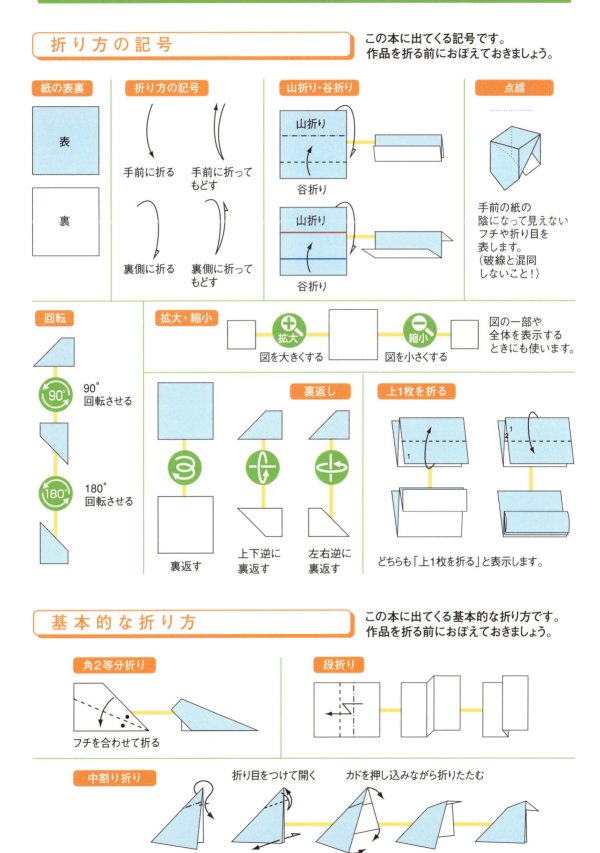

星の王子さま

サン＝テグジュペリ

サハラ砂漠に不時着した操縦士の「ぼく」は、翌日ふしぎな少年と出会います。少年は、ある小さな惑星からやってきた王子でした。王子さまの星には３つの火山とバオバブの芽があり、バラの花が一輪さいていました。王子さまはバラの花をとてもたいせつに世話していましたが、ある日バラの花とけんかをしてしまい、外の世界を見に旅に出ることにします。

ヒツジ

病気でいまにも死にそうなヒツジ、ツノが生えたヒツジ、ヨボヨボしたヒツジ、と『星の王子さま』の挿絵にある弱々しい羊を、たくさんのヒダで表現してみました。頭の取りつけ角度や足の曲げ具合を調節して、王子さまが箱の中に見たような元気でかわいいヒツジに仕上げましょう！

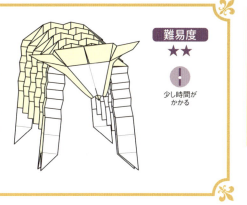

難易度 ★★

少し時間がかかる

Step ▶ 1　頭を作る

用紙サイズ　7.5cm×7.5cm
用紙の種類　普通の色紙

表裏の区別がつくように説明していますが、白い紙で折ってもかまいません。
Step 2 の胴体を 15cm 角で折る場合は、半分の 7.5cm 角で折ってください。

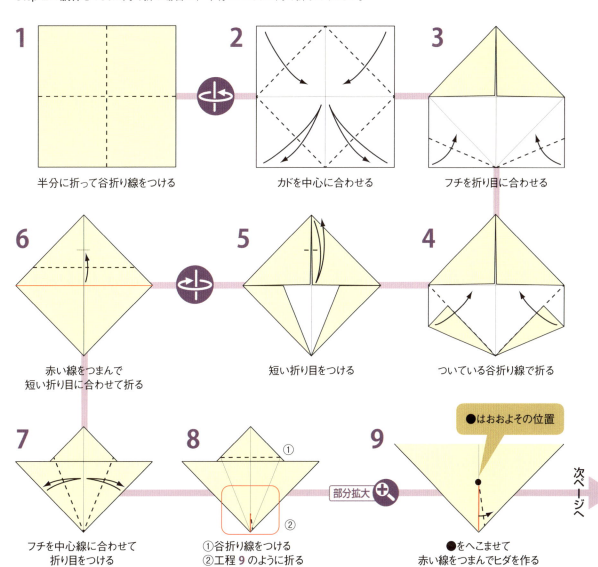

1　半分に折って谷折り線をつける
2　カドを中心に合わせる
3　フチを折り目に合わせる
4　ついている谷折り線で折る
5　短い折り目をつける
6　赤い線をつまんで短い折り目に合わせて折る
7　フチを中心線に合わせて折り目をつける
8　①谷折り線をつける　②工程 9 のように折る
9　●をへこませて赤い線をつまんでヒダを作る

●はおおよその位置

次ページへ

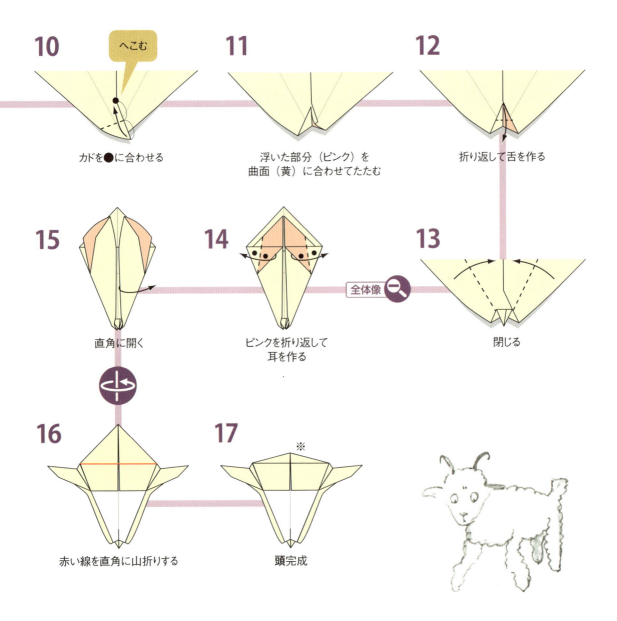

Step ▶ 2 　胴体を作る

用紙サイズ 15cm×15cm
用紙の種類 普通の色紙

Step 1の頭を折った紙の2倍のサイズで折ります。たくさんの折り目をつけるので、折り目をしっかりつけてください。

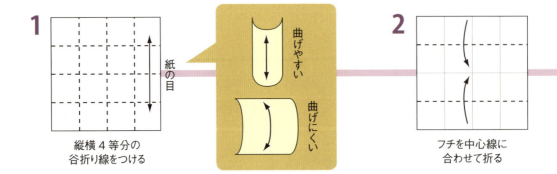

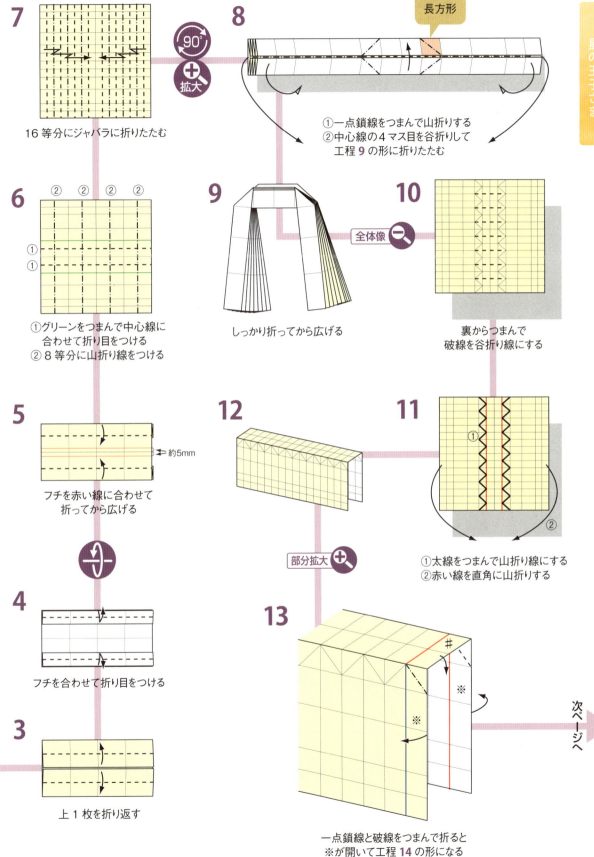

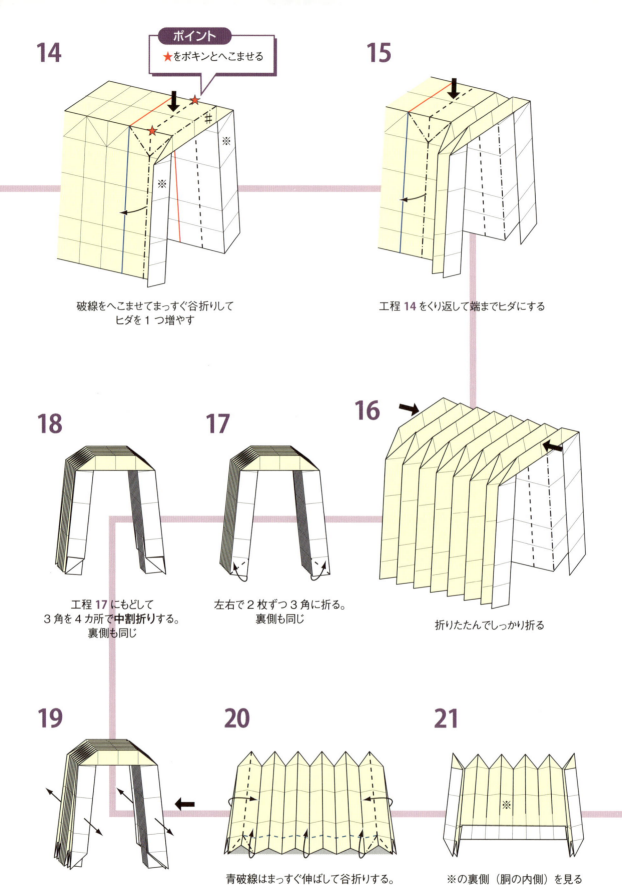

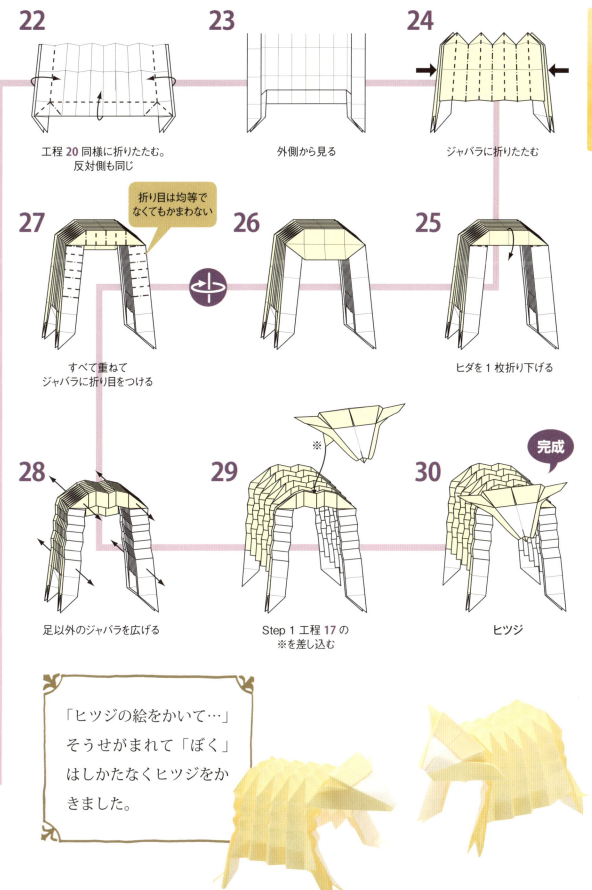

バオバブ

バオバブはアフリカ大陸やマダガスカル島で育つ巨木です。『星の王子さま』では、星をおおいつくすほど葉が生い茂った太い木に描かれていますが、神様が引き抜いて上下さかさまに植えたという言い伝えがあるように、実物は太く高い幹のてっぺんに細い枝がついているだけです。

難易度 ★★

少し時間がかかる

必要な練習
らせん折りとうず留め
の練習
（99〜100ページ）

Step 1 葉を作る

用紙サイズ 15cm×15cm
用紙の種類 普通の色紙またはタントなど

15cm角で葉を折りますが、Step 2の幹は葉を折る用紙の2倍サイズを折るので、30cm角の紙がないときは、幹を折る用紙の半分のサイズで葉を折ってください。

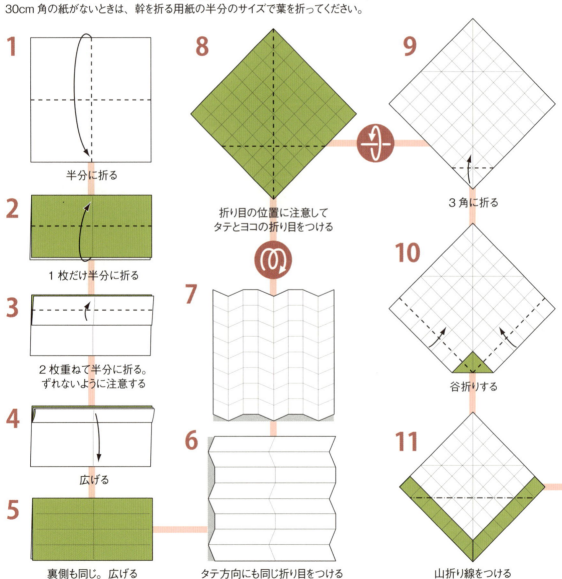

1 半分に折る
2 1枚だけ半分に折る
3 2枚重ねて半分に折る。ずれないように注意する
4 広げる
5 裏側も同じ。広げる
6 タテ方向にも同じ折り目をつける
7
8 折り目の位置に注意してタテとヨコの折り目をつける
9 3角に折る
10 谷折りする
11 山折り線をつける

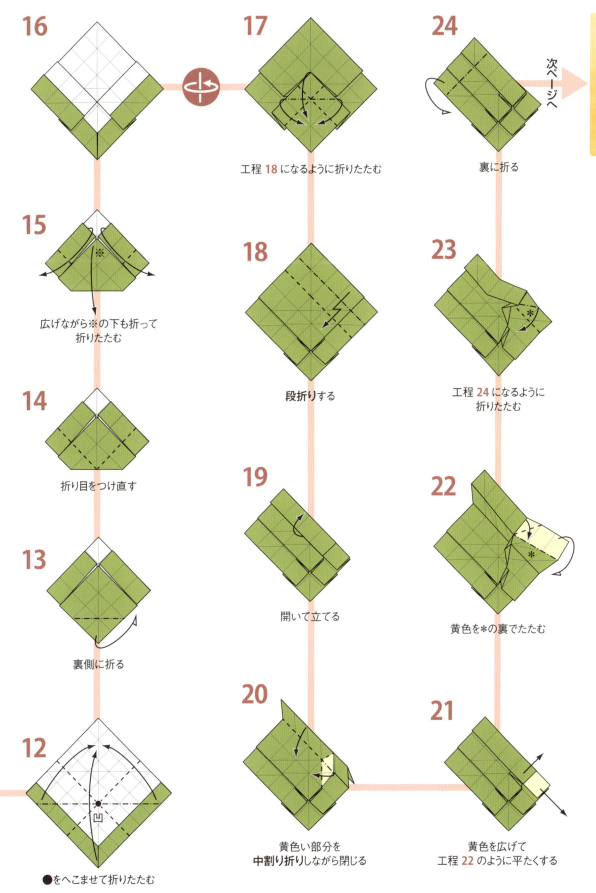

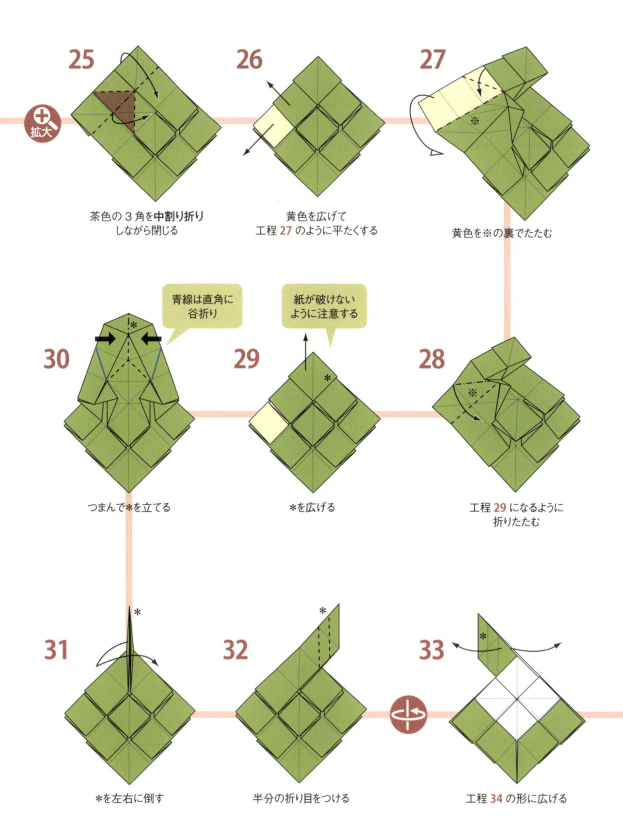

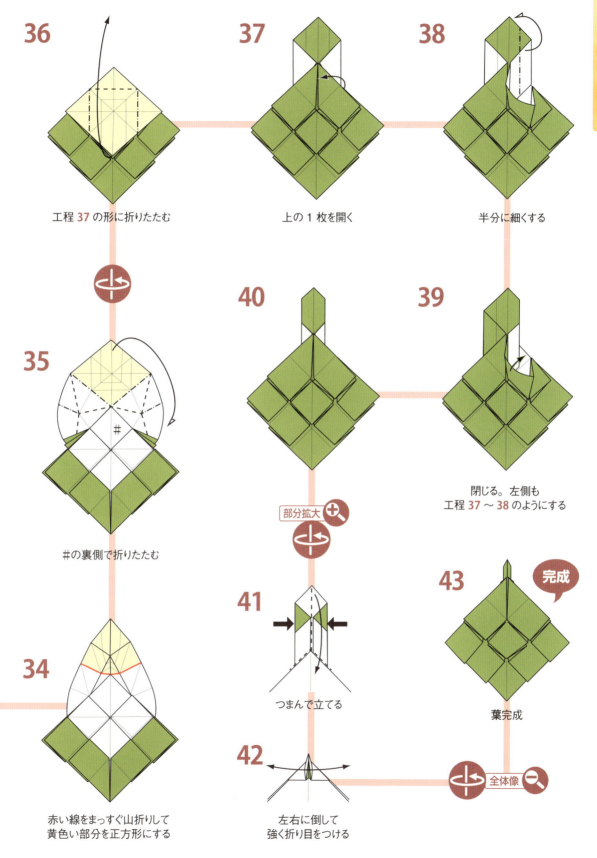

Step 2 幹を作る

用紙サイズ 30cm×30cm
用紙の種類 普通の色紙またはタントなど

葉の用紙の2倍のサイズで折ります。

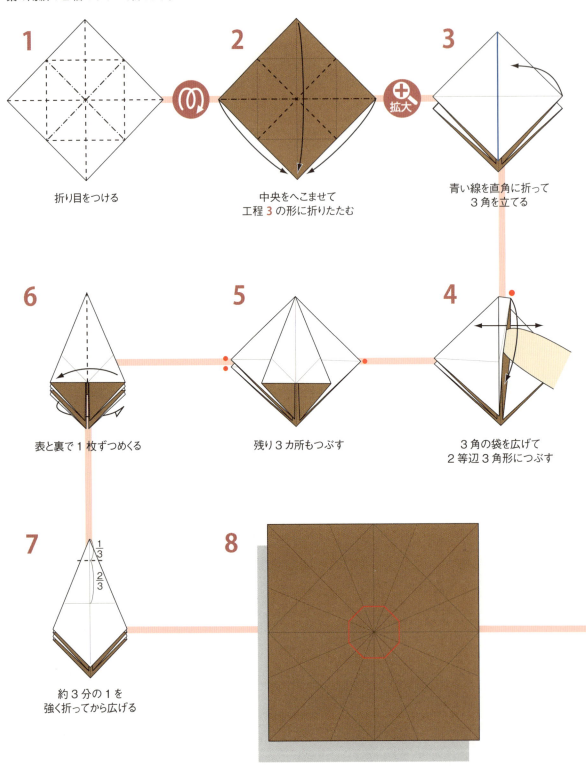

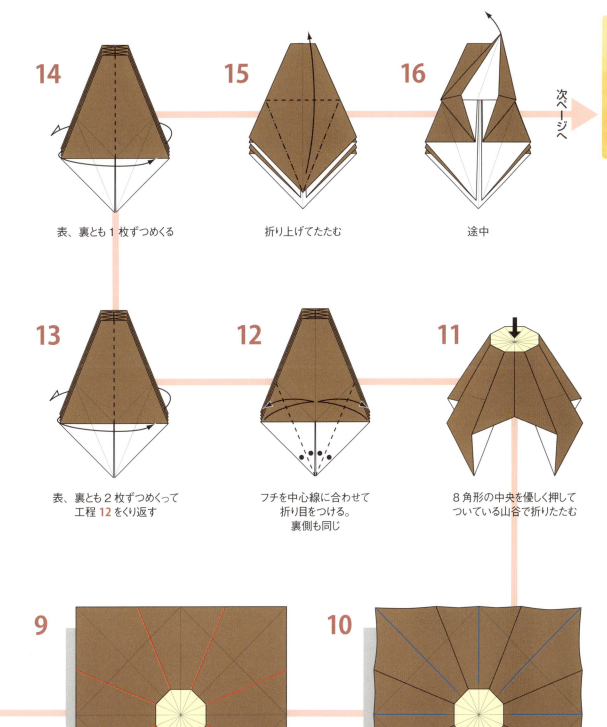

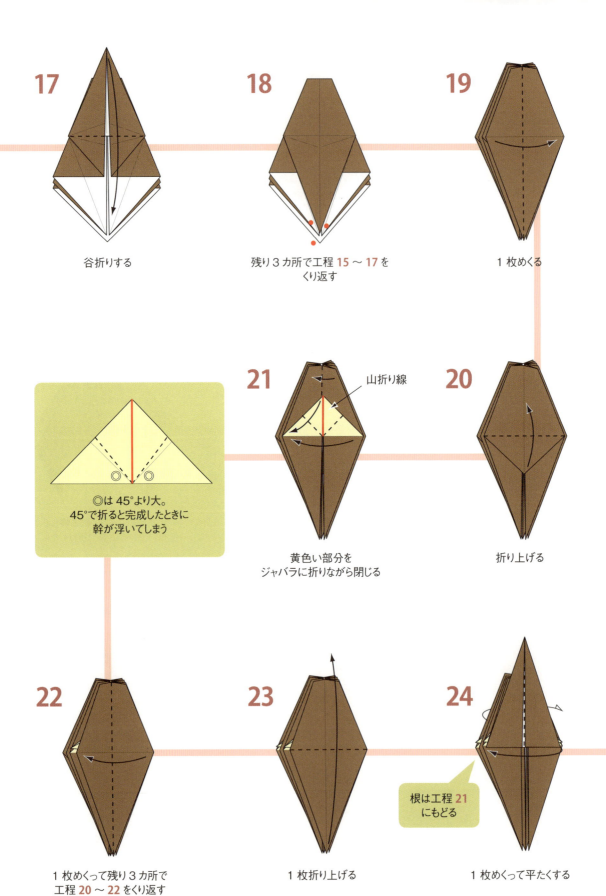

Step 3 葉を幹に取りつける

材料　幹＋葉×4

幹のうず留め（Step 2の工程 **29**）に葉の先端を差し込むだけですが、しっかり組むことができます。

「バオバブを放っておくと、とんでもないことになるんだ。ぼくの知っている星に住んでいたなまけものは、3本のバオバブの木を放っておいたものだから…」

群生するバラ

王子さまの星に咲く気位の高いバラと、群生するバラの2種類を作ります。どちらも4枚組みのユニット折り紙なので、『ばらの夢折り紙』に収録したどのバラより簡単です。まず、簡単な群生するバラを作ります。ブロックを組み合わせて作った壁のすき間にガクを差し込んで取りつけます。

難易度 ★★

少し時間がかかる

Step▶1 バラの葉っぱを作る

用紙サイズ　15cm×7.5cm～10cm×5cm
用紙の種類　普通の色紙またはタントなど

簡易版のバラの葉っぱです。

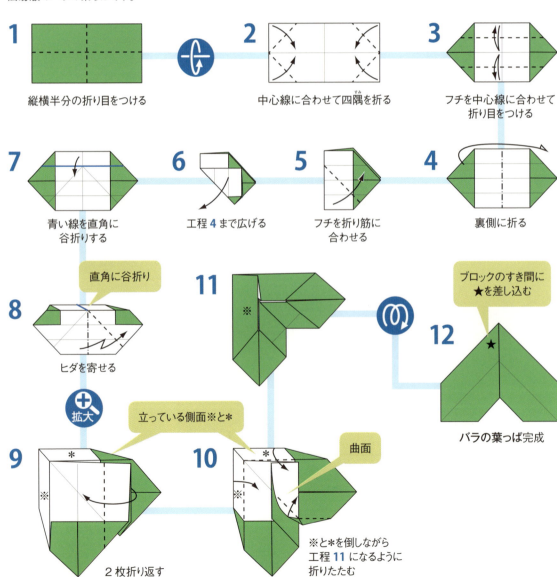

1 縦横半分の折り目をつける
2 中心線に合わせて四隅を折る
3 フチを中心線に合わせて折り目をつける
4 裏側に折る
5 フチを折り筋に合わせる
6 工程4まで広げる
7 青い線を直角に谷折りする
8 ヒダを寄せる　直角に谷折り
9 2枚折り返す
10 ※と*を倒しながら工程11になるように折りたたむ　立っている側面※と*　曲面
11
12 ブロックのすき間に★を差し込む
バラの葉っぱ完成

Step ▶ 2 バラパーツを作る

用紙サイズ 15cm×15cm×2
用紙の種類 普通の色紙またはタントなど

縦と横に4等分の折り目をつけてから、紙の目に注意して対角線で切った3角形で4つ折ります。

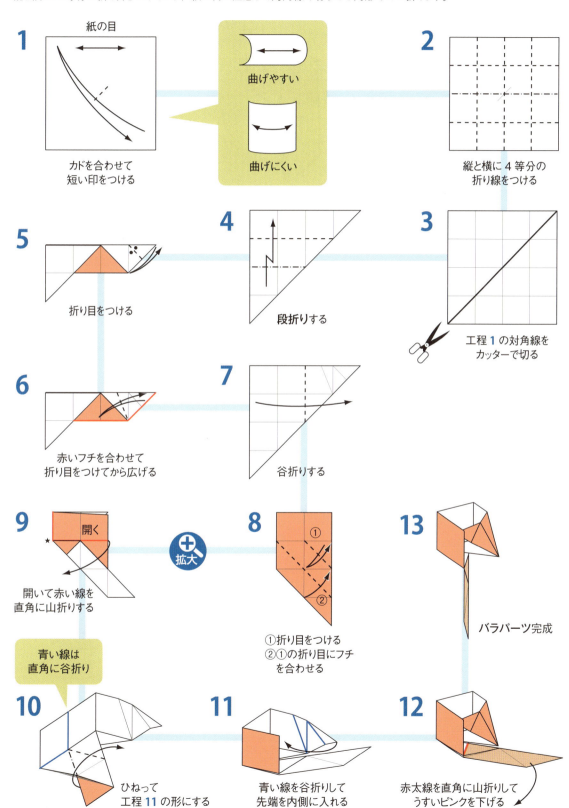

Step▶3 バラパーツを組む

材料 バラパーツ×4

バラパーツ4個を重ねてから90°回転させてバラにします。

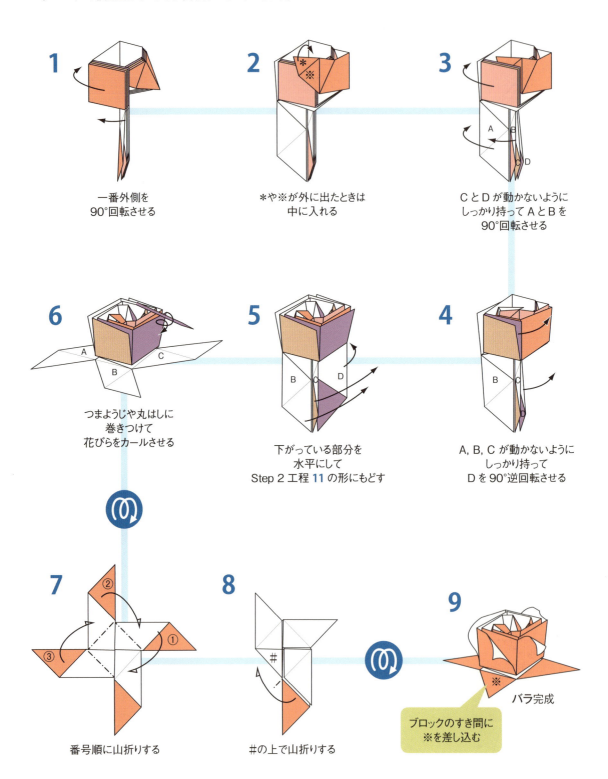

Step ▶ 4 バラの壁を作る

用紙の種類　普通の色紙またはタントなど

群生するバラが咲く壁をブロックで作ります。

共通 Step ▶ 1　くちばしパーツと半くちばしパーツを作る

用紙サイズ　15cm×15cm×4（他の作品は指定のサイズ）

壁のもとになる4枚組のユニット「ブロック」を作ります。
ブロックは銀河鉄道、シンデレラのお城の共通部品なので、しっかりマスターしてください。

半くちばしパーツはくちばしパーツを改造したものです。
くちばしパーツ2個を開いて、工程4にしておきます。

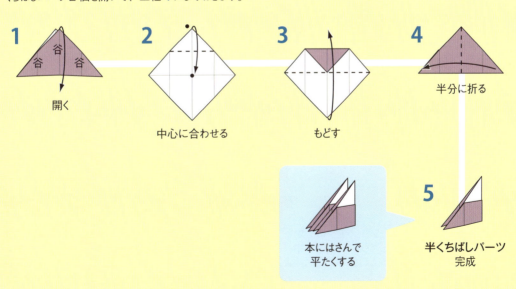

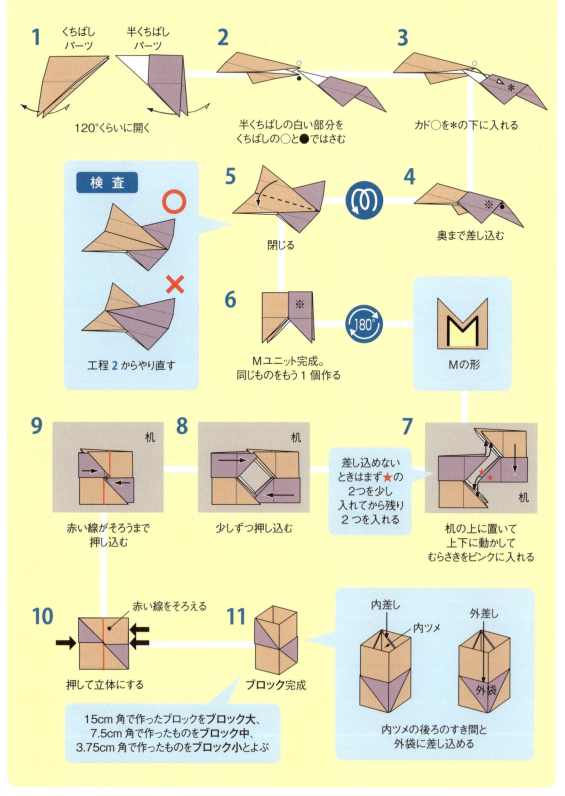

共通 Step ▶ 3　ブロックを縦組みする

材料：ブロック×2＋15cm角（他の作品では指定のサイズ）×2

縦ジョイント2個でブロックを縦に組みます。

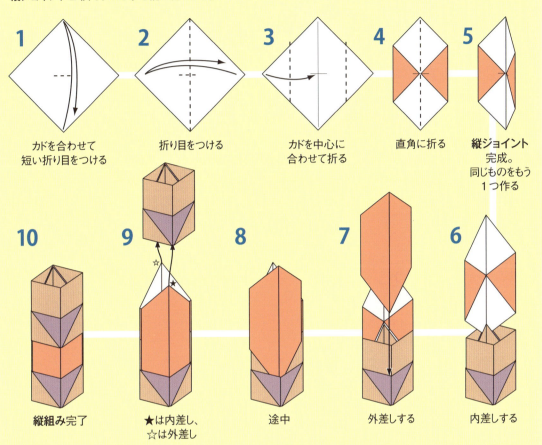

共通 Step ▶ 4　ブロックを横組みする

材料：縦組みしたブロック×4　縦ジョイント×3

工程1〜4で、ブロックで壁面を作る練習をします。

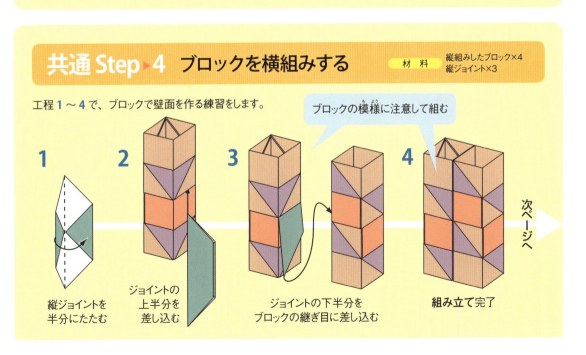

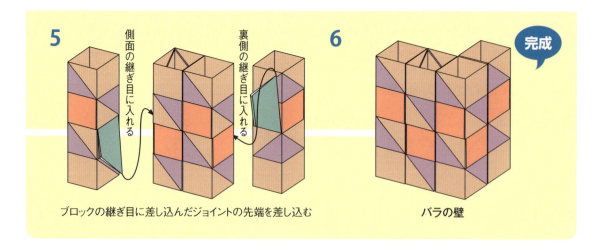

共通 Step ▶5 ブロックにフタをする

材料　ブロック×1＋15cm角（他の作品は指定のサイズ）×2

共通 Step 4 の工程 6 のブロックにフタをします。フタの取りつけ方はブロック1個で説明します。

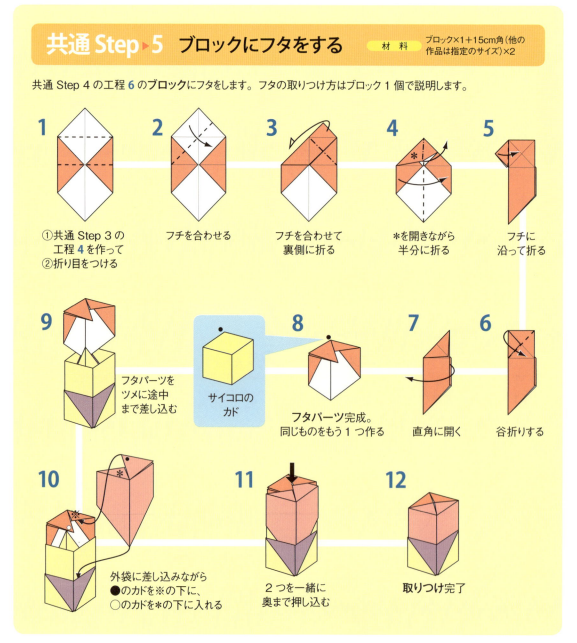

Step ▶ 5 壁にバラの花と葉っぱを取りつける

材料　壁＋花＋葉っぱ

壁のブロックにフタをしてから、**葉っぱと花**を取りつけます。

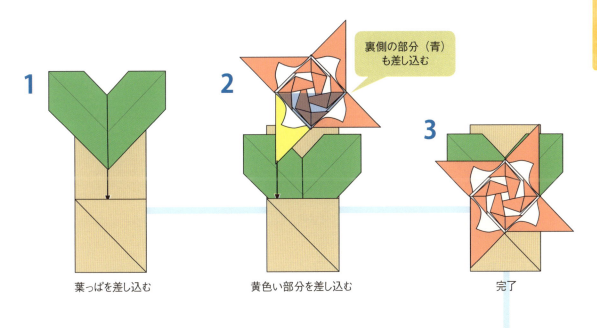

1 葉っぱを差し込む

2 黄色い部分を差し込む

3 完了

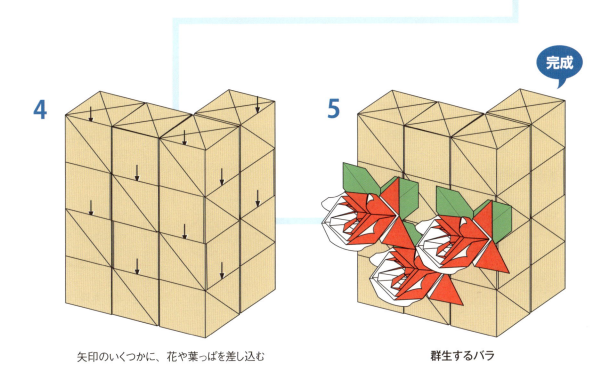

4 矢印のいくつかに、花や葉っぱを差し込む

5 **群生するバラ**

王子さまの薔薇

星の王子さまの星に咲くプライドの高い薔薇です。厚めの紙（タントなど）で折ると、キャッチボールできるほど丈夫に仕上がります。

難易度 ★★★

少し時間がかかる

Step ▶ 1　薔薇パーツを作る

用紙サイズ　15cm×15cm
用紙の種類　普通の色紙またはタントなど

滑らかな曲面に仕上げるために、群生するバラのパーツとは違って、最小限の折り目しかつけません。
赤丸枠内には折り目をつけないよう注意してください。

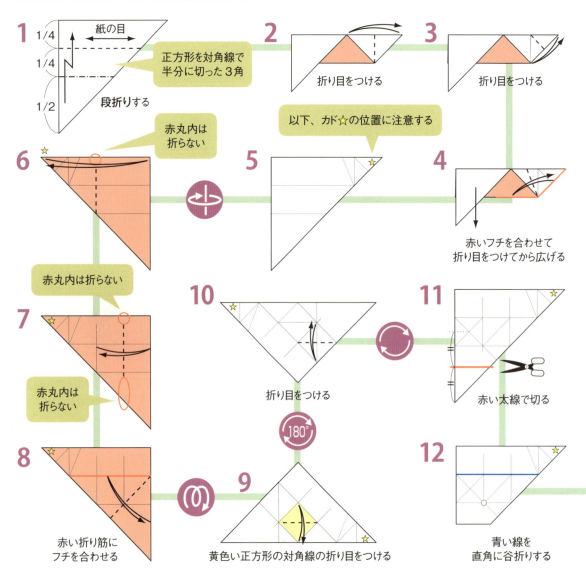

13
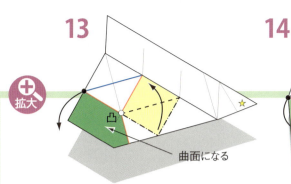

○の裏に指を当てて
黄色い正方形を破線で半分に折ると
●が下がって青い線が谷、
赤い線が山に折れる

曲面になる

14
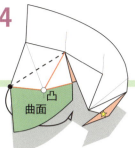

グリーンの曲面を
つぶさないように
裏に折る

15
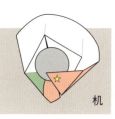

グリーンの曲面を
つぶさないように
500円硬貨などで
押さえる。
薔薇パーツ完成

星の王子さま

Step ▶ 2　薔薇パーツを組む

材料　薔薇パーツ×4

パーツを4個重ねてから、90°回転させてうず組みにします。

1
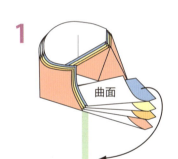

4枚重ねてついている
折り目で直角に折る

4
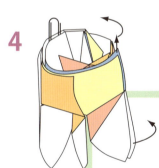

ピンク・オレンジ・黄色の3枚を
クリップでとめて青を引き上げながら
90°逆回転させる

5

2
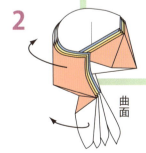

外の1枚を
90°回転させる

3
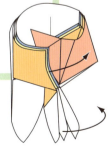

内の2枚を
90°逆回転させる

6
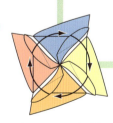

立っている4カ所を
時計回りに倒して
風車の形にする

次ページへ

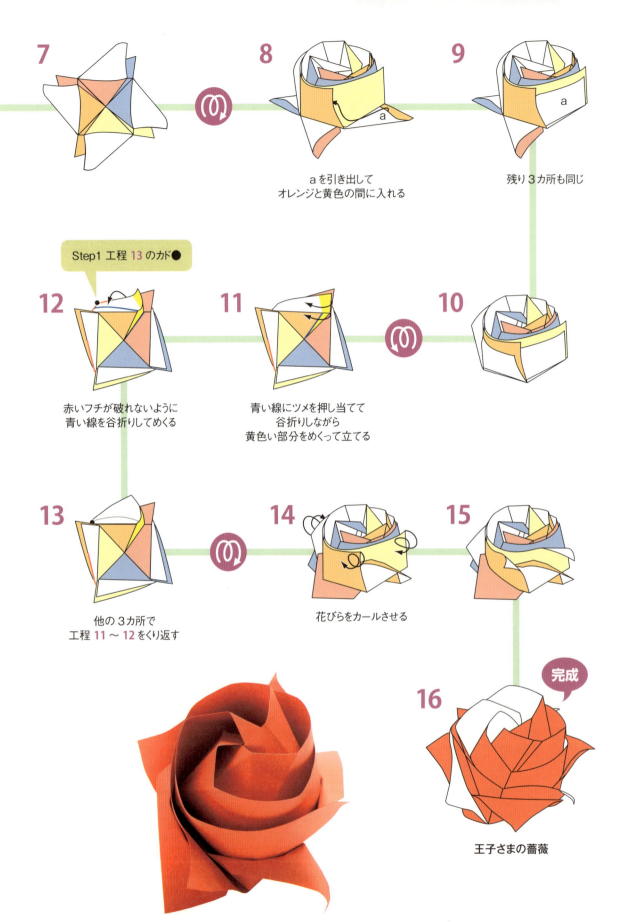

王子さまはバラたちをながめました。みな王子さまのバラにそっくりでした。
「きみたちはだれ？」彼はびっくりしてたずねました。
「わたしたちはバラよ」花たちはいいました。
「ああ！」王子さまはいいました。
　そしてかなしくなりました。王子さまのバラは、彼女は世界でたったひとつのバラだといったのです。なのに、ここに同じようなバラがたくさん咲いていたのです、こんなたったひとつの庭に！

キツネ（フェネックス）

星の王子さまに登場するキツネは、耳が大きく砂漠に棲息する「フェネックス」です。本の挿絵のように頭を細長く表現しました。耳の大きさは工程 **12** の折り線の位置で変えられます。お好みのキツネ作りを楽しんでください。Step 2 は、実際のフェネックスに似せたキツネです。

難易度
★

あまり時間はかからない

Step▶1　王子さまのキツネを作る

用紙サイズ　15cm×15cm
用紙の種類　普通の色紙またはタントなど

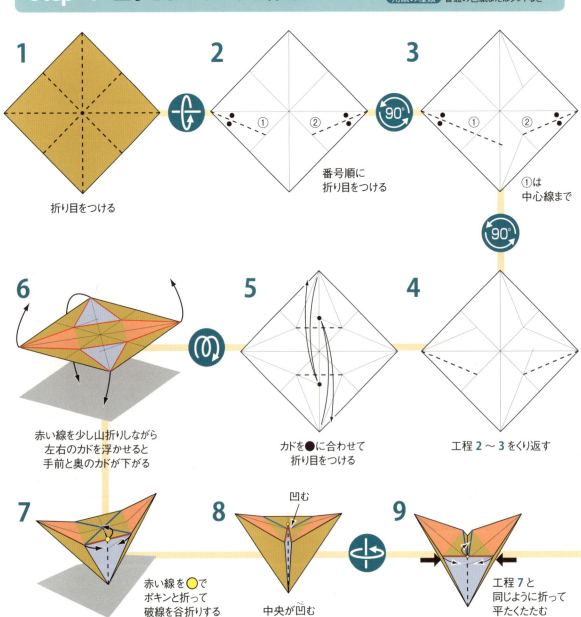

1　折り目をつける

2　番号順に折り目をつける

3　①は中心線まで

4　工程 2～3 をくり返す

5　カドを●に合わせて折り目をつける

6　赤い線を少し山折りしながら左右のカドを浮かせると手前と奥のカドが下がる

7　赤い線を〇でポキンと折って破線を谷折りする

8　凹む　中央が凹む

9　工程 7 と同じように折って平たくたたむ

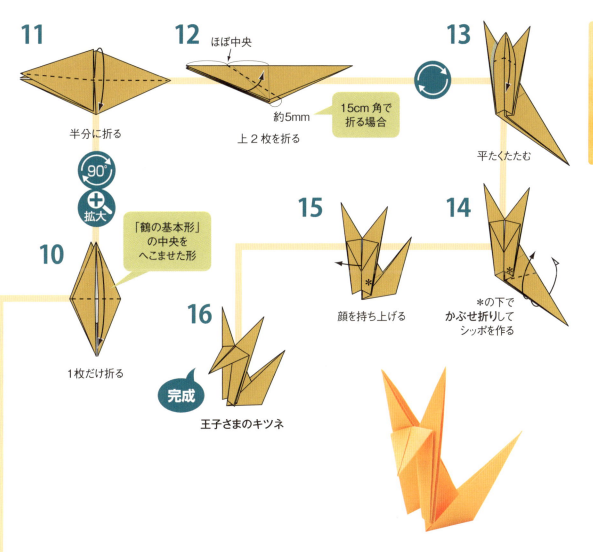

Step ▶ 2 フェネックスを作る

用紙サイズ 15cm×15cm
用紙の種類 普通の色紙またはタントなど

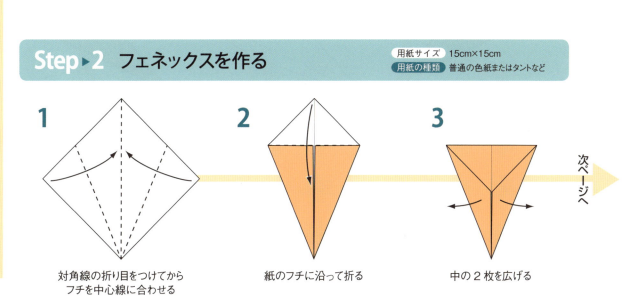

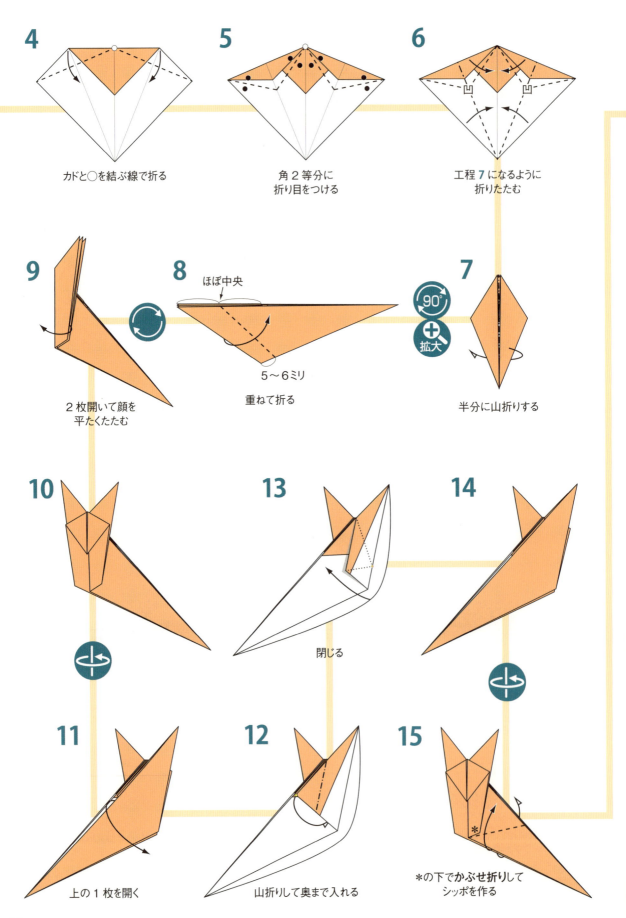

16
顔を持ち上げる

17 完成
フェニックス

「さようなら」彼はいいました。
「さようなら」とキツネはいいました。「ぼくのひみつをおしえてあげる。ごくかんたんなことだよ。こころでしか本当のことはみえない。大切なことは目にはみえないんだ」
「大切なことは目にはみえない」王子さまは忘れないようにくりかえしました。
「きみのバラが大事なのは、きみがそのバラのために時間をついやしたからだよ」

浦島太郎

　漁師の浦島太郎は、ある日、海辺で村の子どもたちにいじめられている亀を見かけ、助けました。数日後、いつものように浦島太郎が漁に出かけようとすると、亀がやってきて言いました。「あのとき、助けていただいた亀です」。そして、亀はそのお礼として、浦島太郎を竜宮城に連れていってくれるというのです。

海亀

『折り紙夢WORLD 花と動物編』の長方形で折るウミガメを正方形で折れるようにし、しっぽをつけました。また、前足や後ろ足を折る目安をはっきりさせました。

難易度 ★★

少し時間がかかる

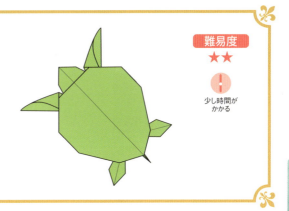

浦島太郎

海亀を折る

用紙サイズ 15cm×15cm
用紙の種類 普通の色紙またはタントなど

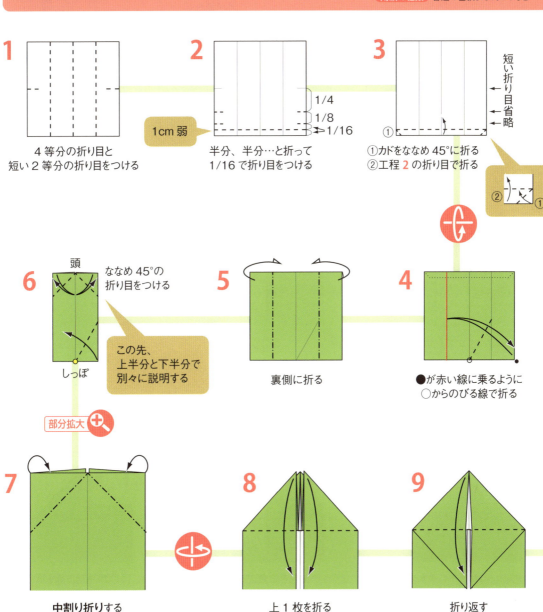

1 4等分の折り目と短い2等分の折り目をつける

2 半分、半分…と折って1/16で折り目をつける
1cm弱

3 ①カドをななめ45°に折る ②工程2の折り目で折る
短い折り目省略

4 ●が赤い線に乗るように○からのびる線で折る

5 裏側に折る

6 ななめ45°の折り目をつける
頭／しっぽ
この先、上半分と下半分で別々に説明する
部分拡大

7 中割り折りする

8 上1枚を折る

9 折り返す

次ページへ

39

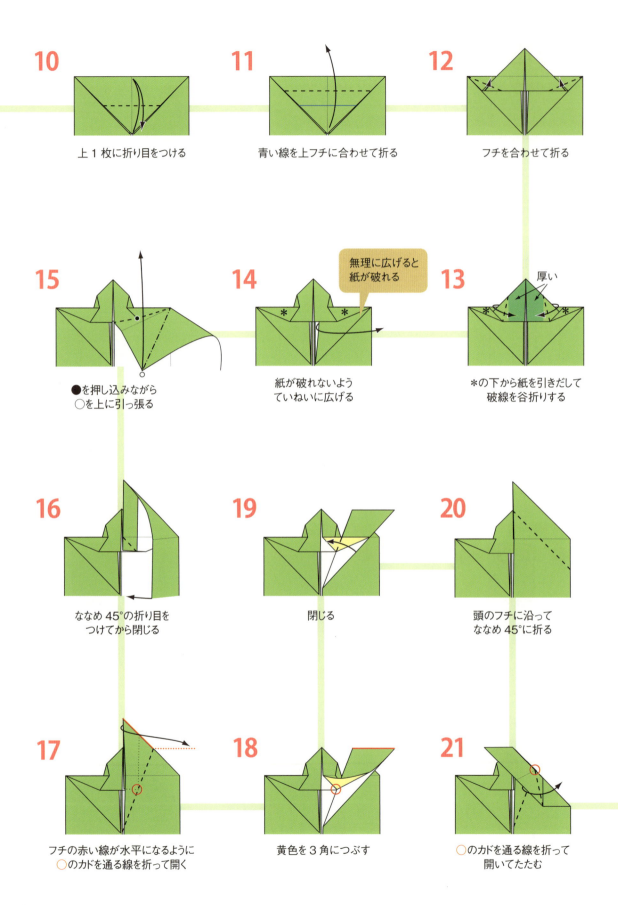

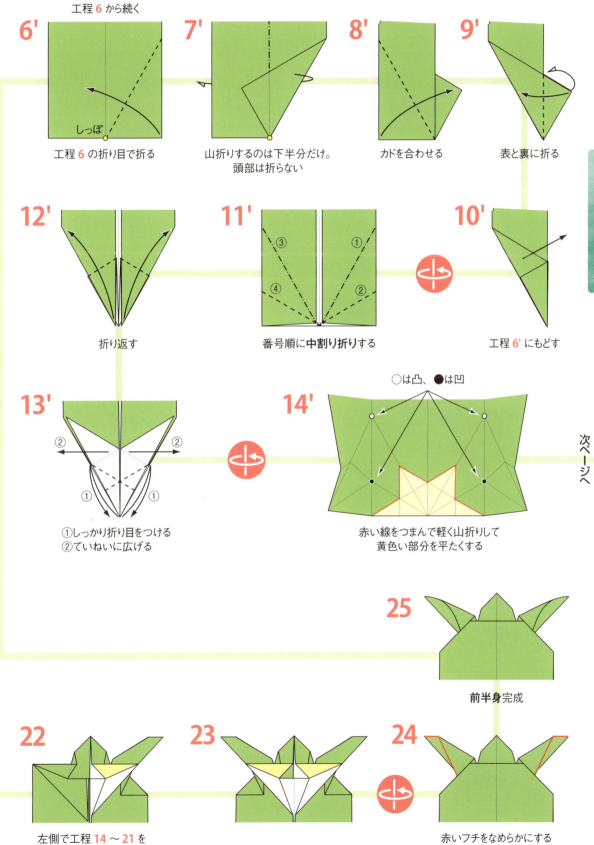

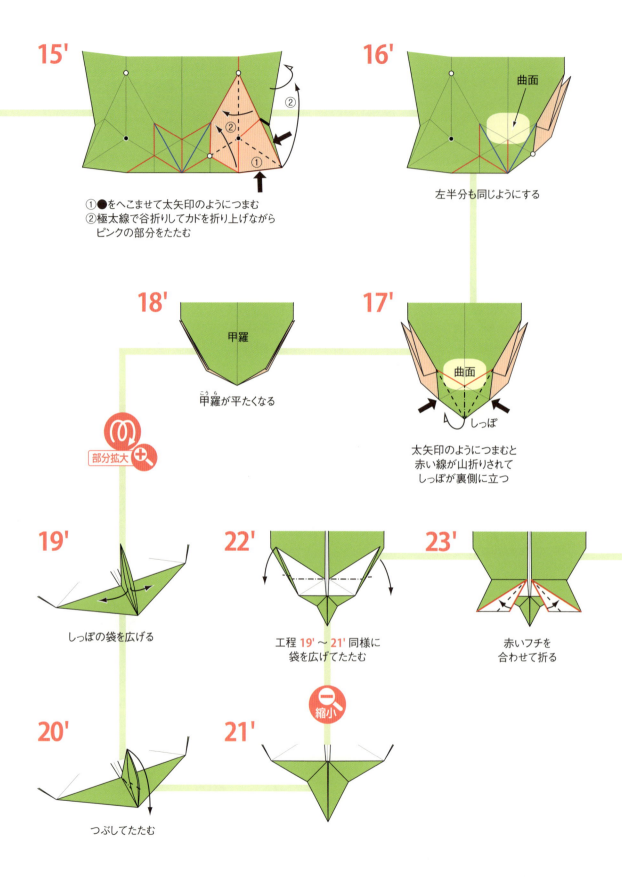

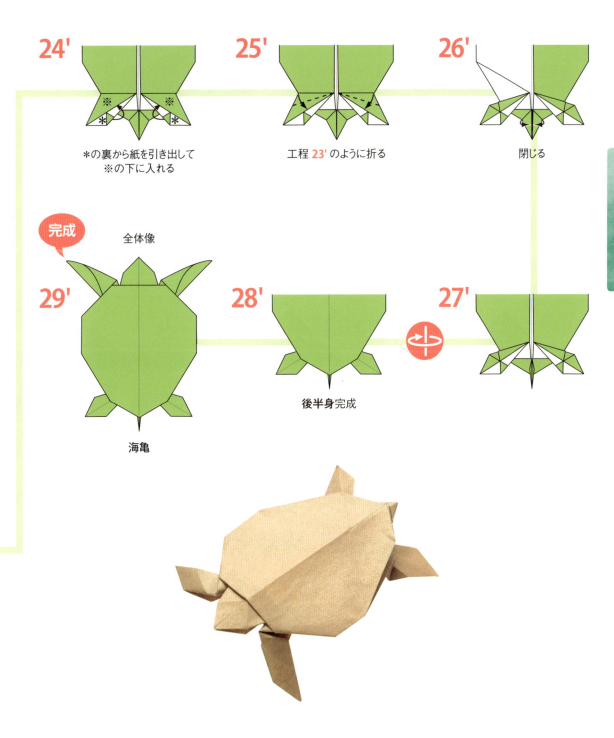

ヒラメ

竜宮城を作っているときにひらめきました。折り工程を増やせば、もっと写実的にすることもできますが、竜宮城や海亀に合わせてシンプルに仕上げました。

難易度
★

あまり時間がかからない

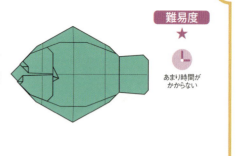

Step ▶ 1　尾びれを作る

用紙サイズ　15cm×15cm
用紙の種類　普通の色紙

裏が白い折り紙で折ると、腹が白くなります。

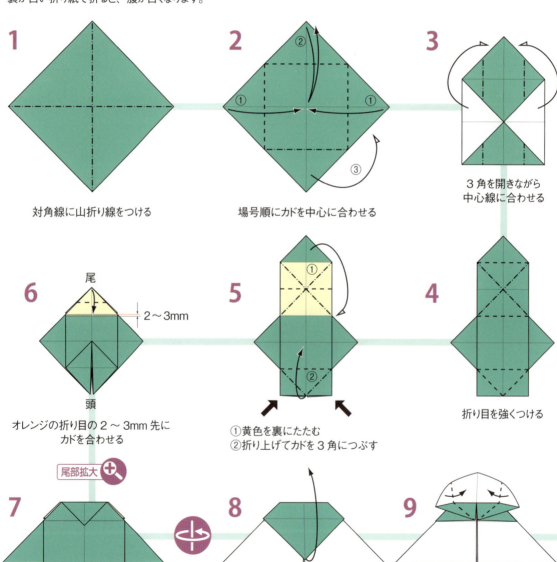

1. 対角線に山折り線をつける
2. 番号順にカドを中心に合わせる
3. 3角を開きながら中心線に合わせる
4. 折り目を強くつける
5. ①黄色を裏にたたむ　②折り上げてカドを3角につぶす
6. オレンジの折り目の2〜3mm先にカドを合わせる
7. 尾部拡大
8. 開く
9. たたむ

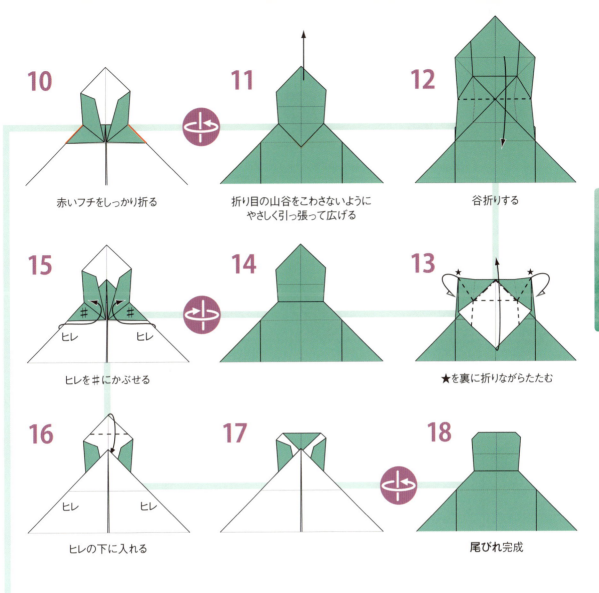

Step ▶ 2 頭部を作る

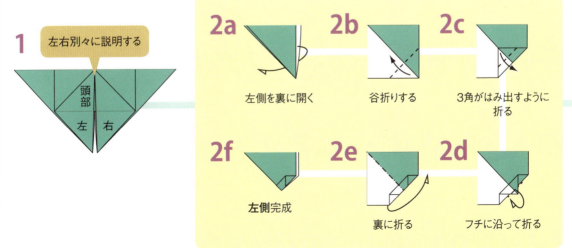

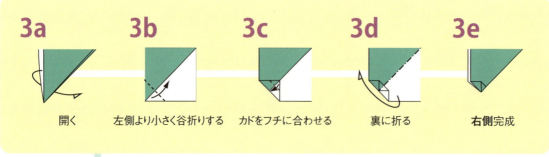

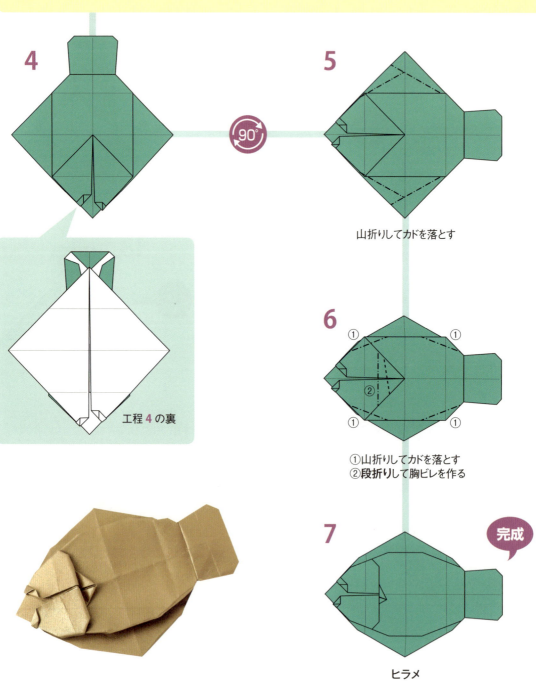

竜宮城
りゅうぐうじょう

四角い箱（部屋）と屋根と部屋を接続する部品「台座」を使って3階建ての竜宮城を作ります。部品を増やせば巨大な建造物にすることもできます。15cm角の用紙を使うので、小さいサイズの用紙を使って折る「シンデレラのお城」や「銀河鉄道」の練習にもなります。

難易度 ★★

少し時間がかかる

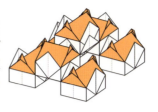

Step ▶ 1　屋根を作る

用紙サイズ　15cm×13cm
用紙の種類　普通の色紙またはタントなど

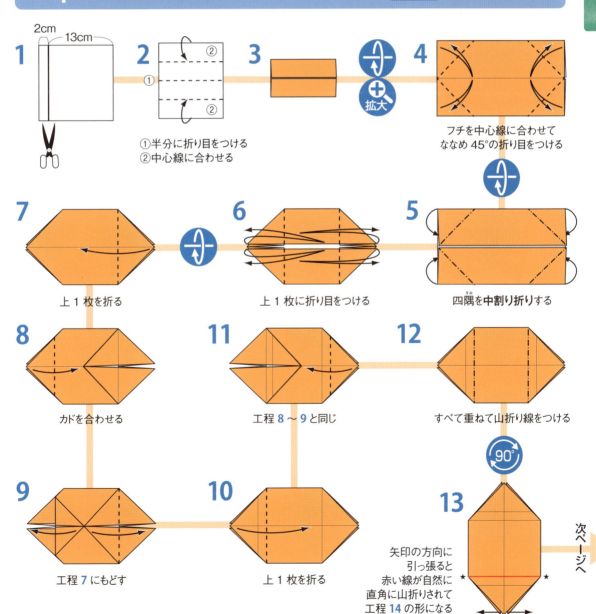

1

2
①半分に折り目をつける
②中心線に合わせる

3

4
フチを中心線に合わせてななめ45°の折り目をつける

5
四隅を中割り折りする

6
上1枚に折り目をつける

7
上1枚を折る

8
カドを合わせる

9
工程7にもどす

10
上1枚を折る

11
工程8～9と同じ

12
すべて重ねて山折り線をつける

13
矢印の方向に引っ張ると赤い線が自然に直角に山折りされて工程14の形になる

次ページへ

浦島太郎

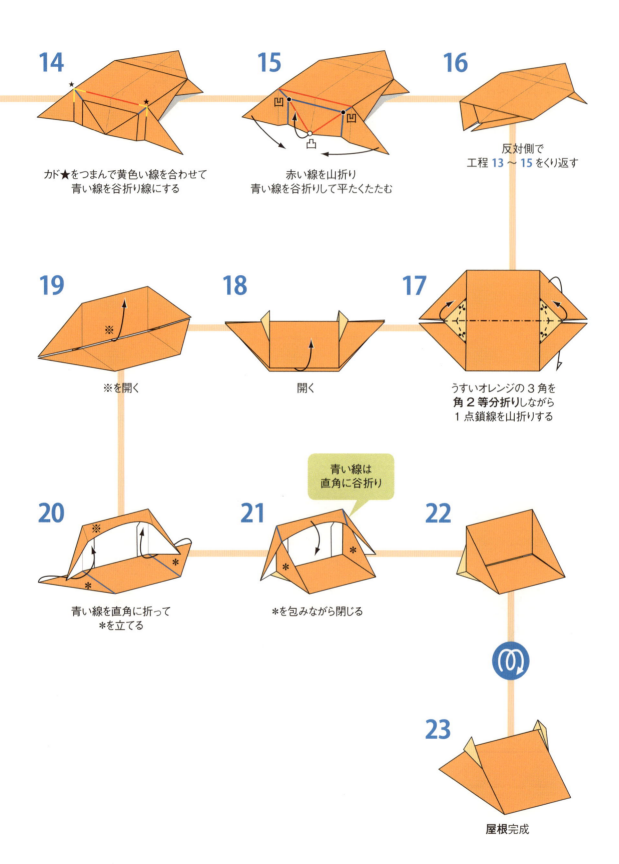

共通 Step ▶ 6　箱（部屋）を作る

用紙サイズ 15cm×15cm
用紙の種類 普通の色紙またはタントなど

1 対角線の折り目をつける

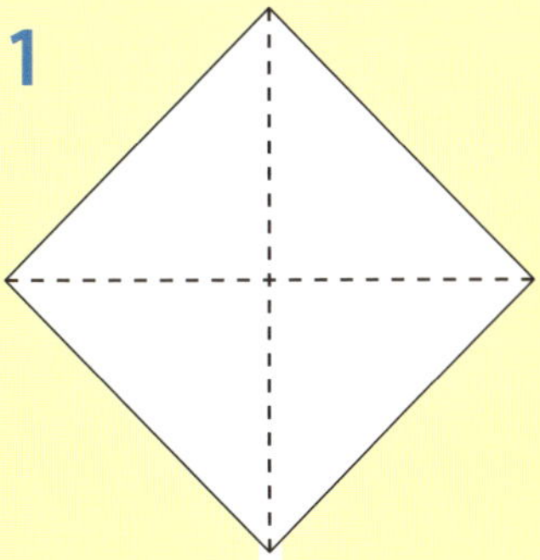

2 カドを中心に合わせて折り目をつけてから半分に折る

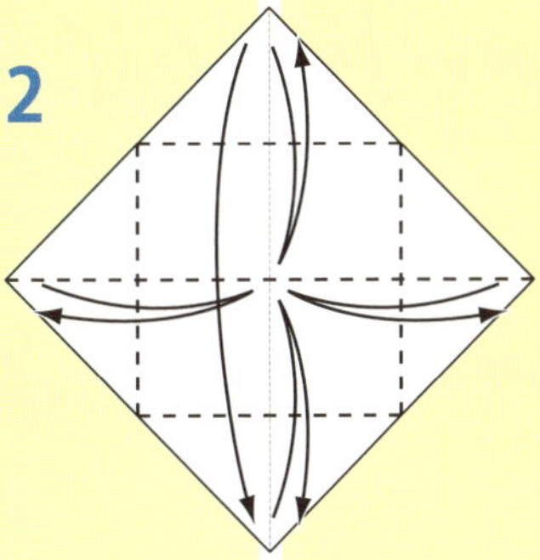

3 赤い線を上のフチに合わせて上1枚を折る。裏側も同じ

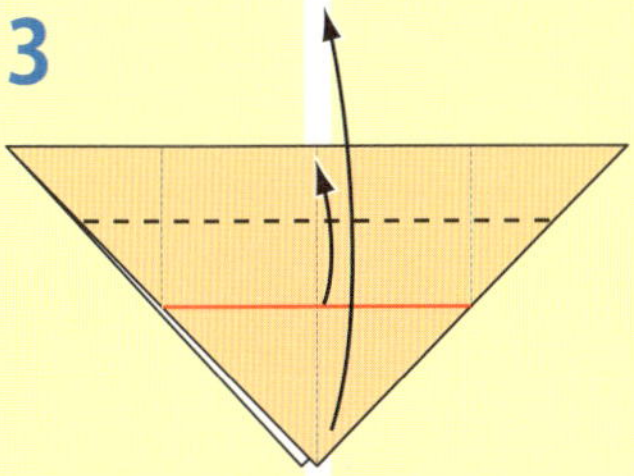

4 広げる

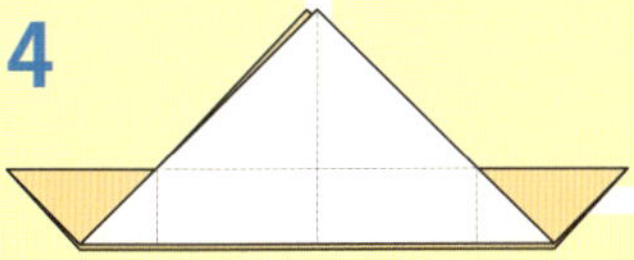

5 上下を折ってから半分に折る

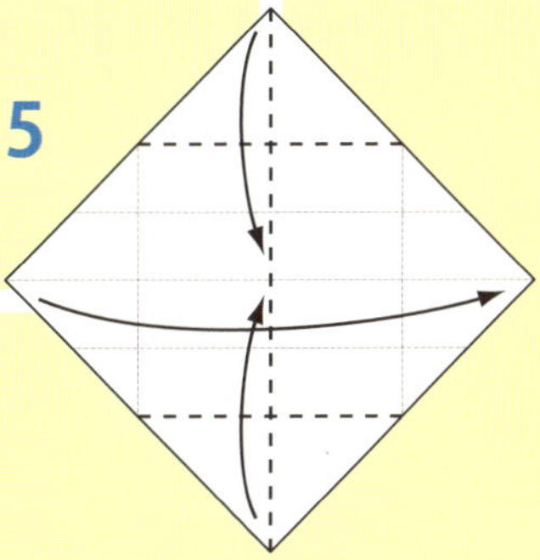

6 表と裏で工程3と同じように折る

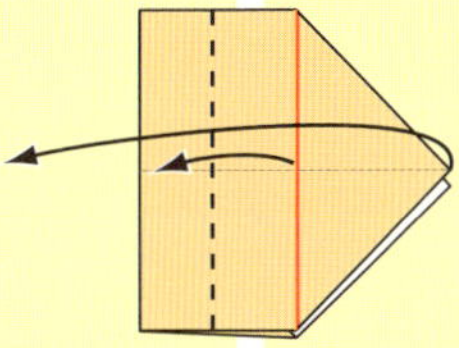

7 表と裏で3角を折る

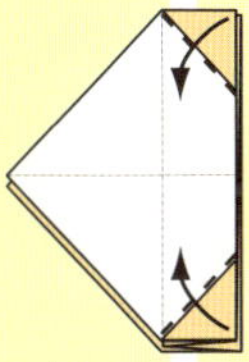

8 表と裏に1枚ずつめくる

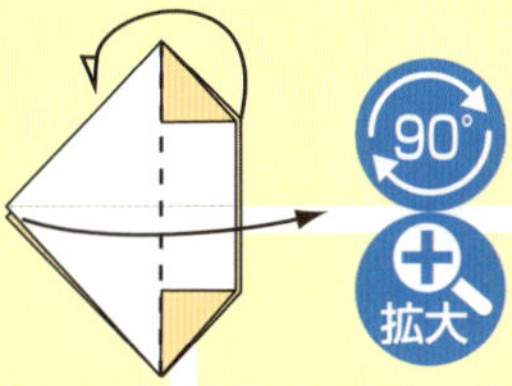

90°　拡大

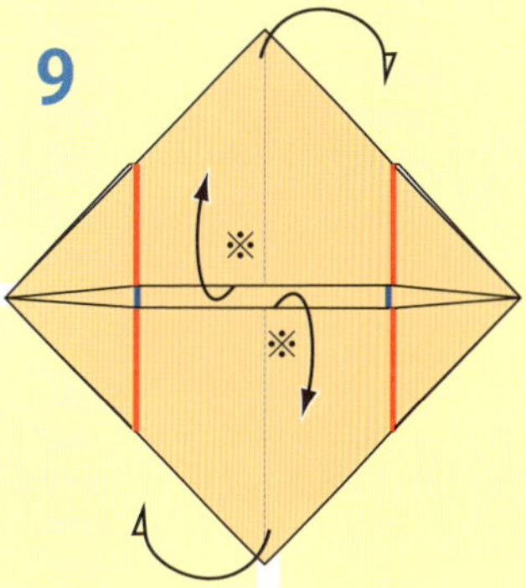

9 ※を立てながら赤太線を直角に山折り、青い線を直角に谷折りして四角い箱にする

10

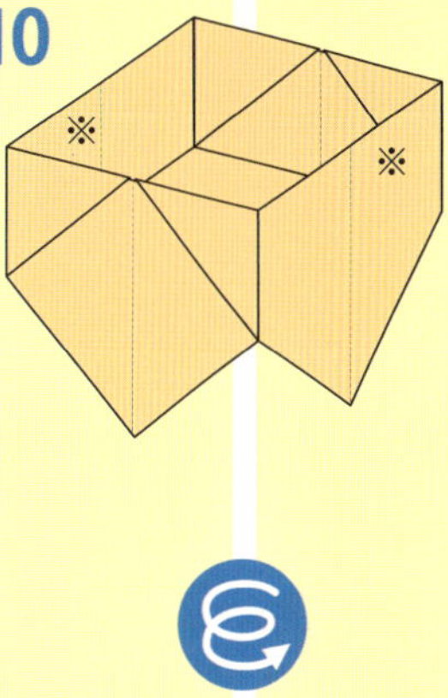

11 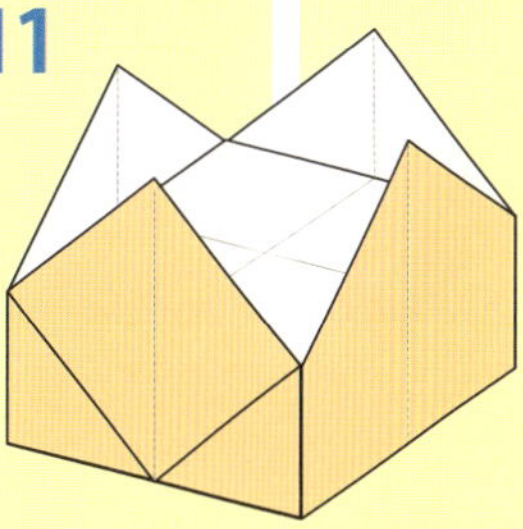 箱（部屋）完成

浦島太郎

49

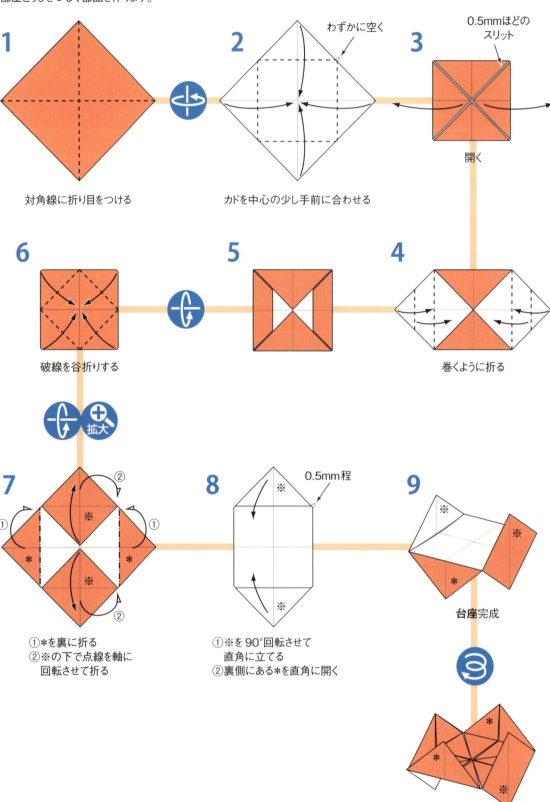

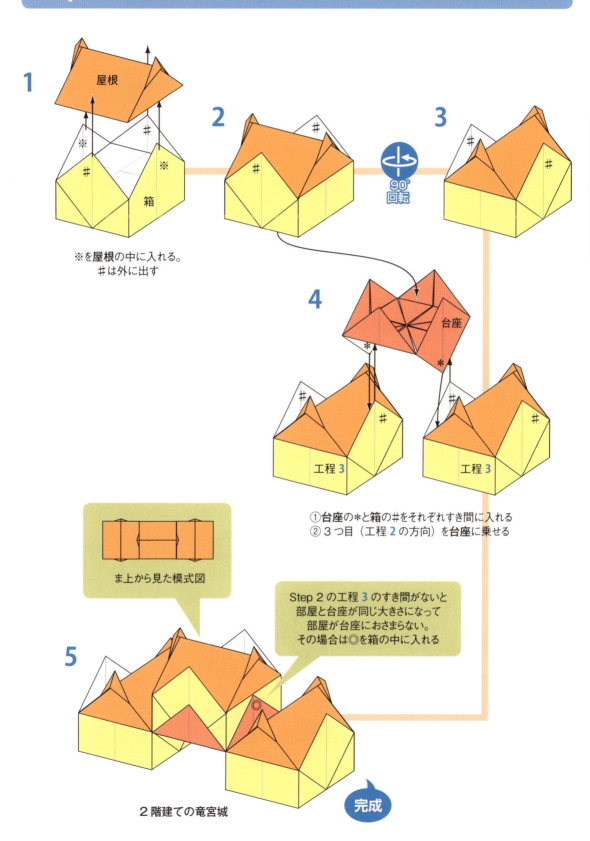

Step ▶ 4 竜宮城を3階建てに増築する

材料 （屋根＋箱）×7＋台座×3

①Step 3の工程 5 を2つ用意する
②Step 3 同様、台座の＊と箱の♯を差し込む
③3つ目の箱を台座に乗せる

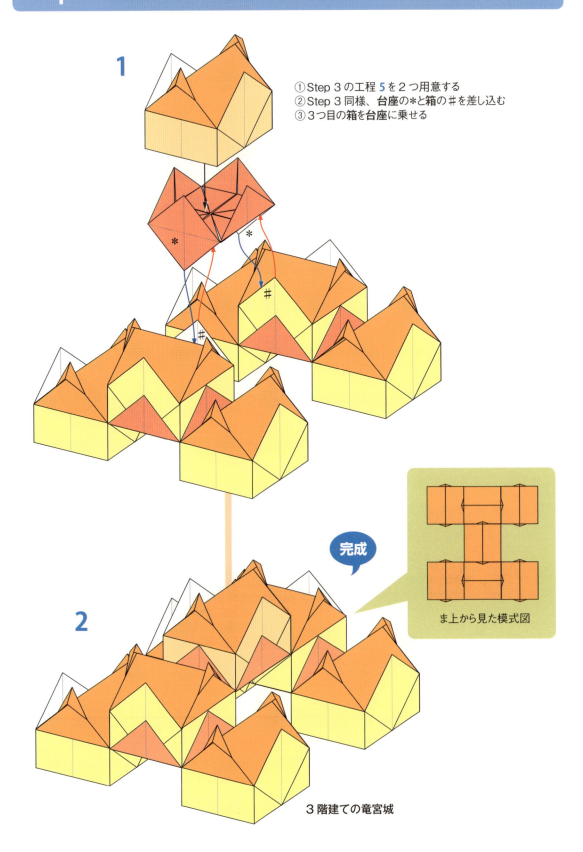

完成

ま上から見た模式図

3階建ての竜宮城

4階建ての竜宮城

材料 （屋根＋箱）×13＋台座×7

ま上から見た模式図

浦島太郎

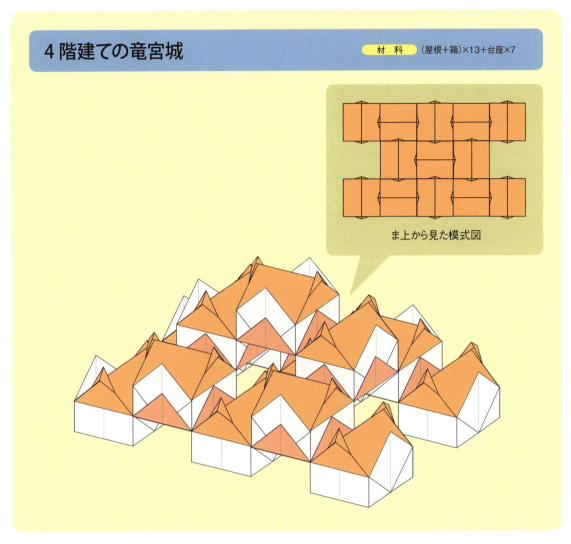

亀は浦島太郎を甲羅にのせて海にもぐり、竜宮城につれていってくれました。竜宮城のまわりには魚がたくさん泳いでいて、それは素晴らしいところでした。美しい乙姫さまにもてなされ、浦島太郎はときがたつのもわすれて、夢のような楽しい日をすごします。そして、しばらくぶりに村に帰った浦島太郎を待っていたのは……。

シンデレラ

幼いころに母を亡くしたシンデレラは、継母とその連れ子である姉たちと住んでいました。心やさしく美しい娘のシンデレラは、毎日いじわるな継母と姉たちにいじめられ、召使として灰まみれでこき使われていました。そんなある日、お城で王子の舞踏会が開かれることになりました。姉たちは豪華なドレスで出かけるしたくをしています。シンデレラは着て行くドレスがありません。ひとり泣いていると、そこにあらわれたのは……。

かぼちゃの馬車

4つの車輪と台車とかぼちゃからなる馬車を作ります。車輪は、銀河鉄道の車輪と同じように、外枠の中にホイールを入れて作ります。球体のかぼちゃをきれいに折るための練習を用意しました。とばさないでしっかり練習してください。のりをいっさい使わずに組むので、折り目をしっかり正確につけるのがきれいに仕上げるポイントです。

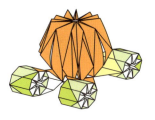

難易度 ★★★
少し時間がかかる

Step ▶ 1　馬車の車輪を作る

用紙サイズ　7.5cm×7.5cm×6
用紙の種類　普通の色紙またはタントなど

パーツ2個で車輪の外枠、4個でホイールを作り、ホイールを外枠に入れて車輪にします。

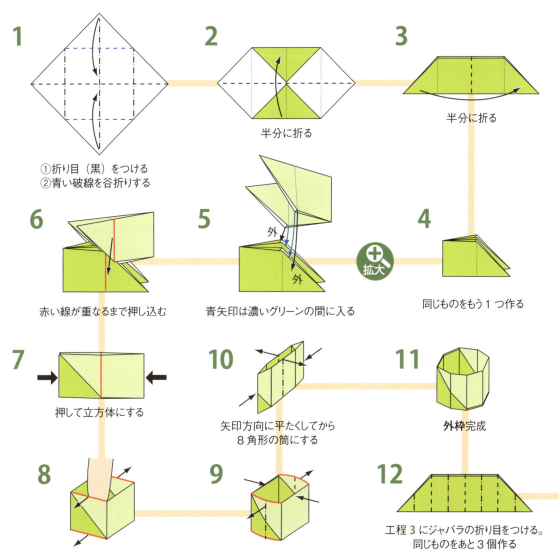

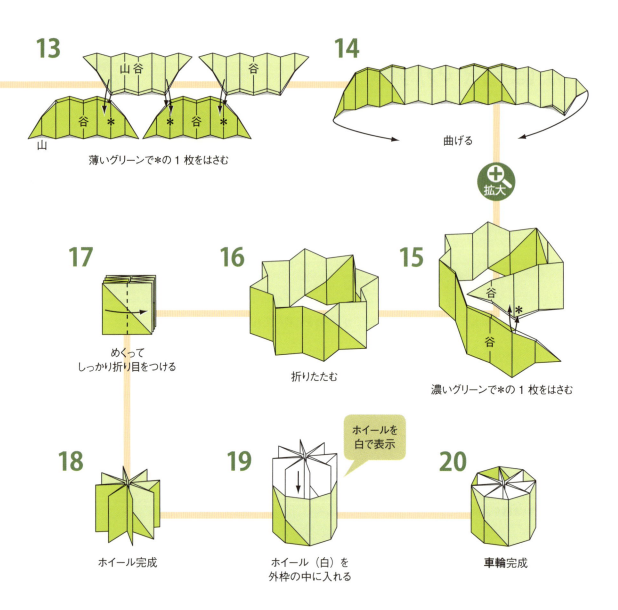

Step ▶ 2　台車を作る

材料　15cm×15cm×2

15cm角で折ったパーツ2個を組みます。

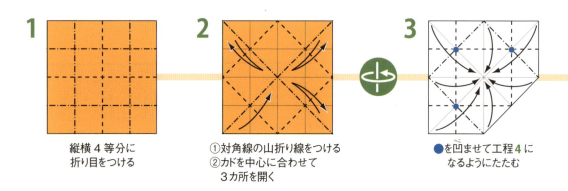

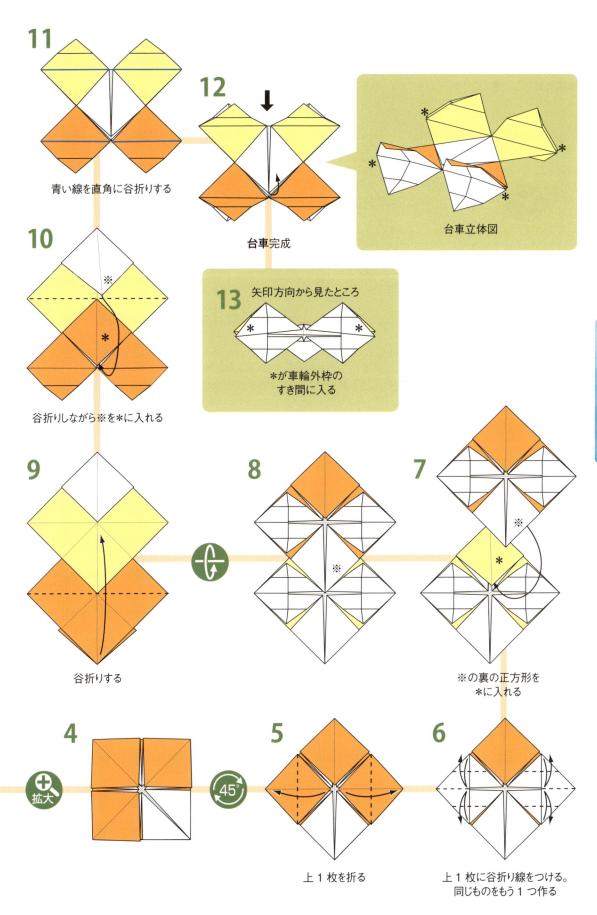

Step▶3 台車に車輪を取りつける

材 料　台車＋車輪×4

車輪の**外枠**を**台車**に取りつけてから、ホイールを入れます。

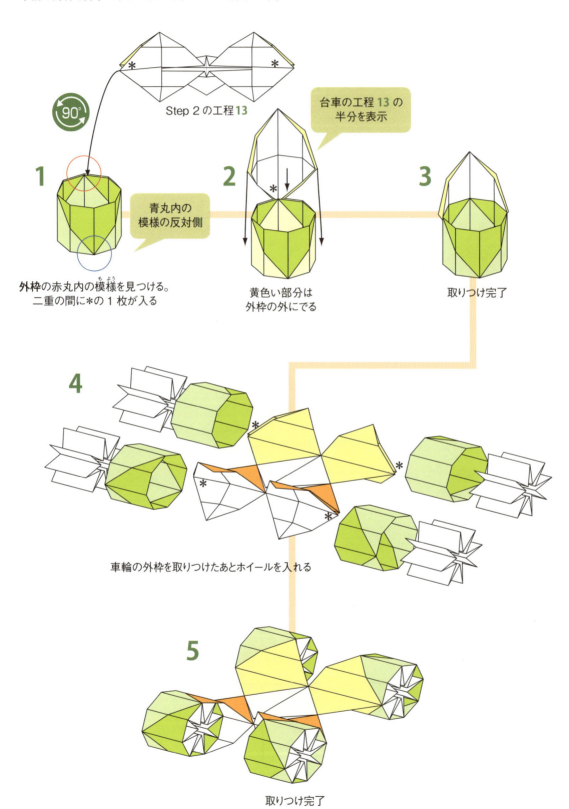

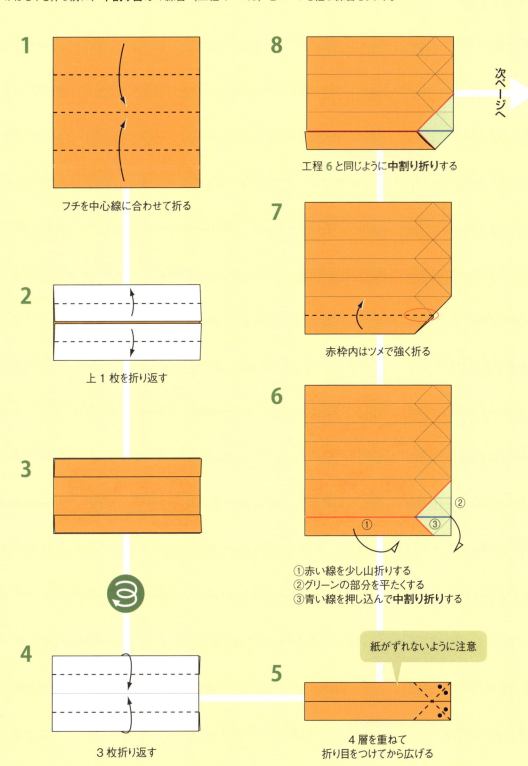

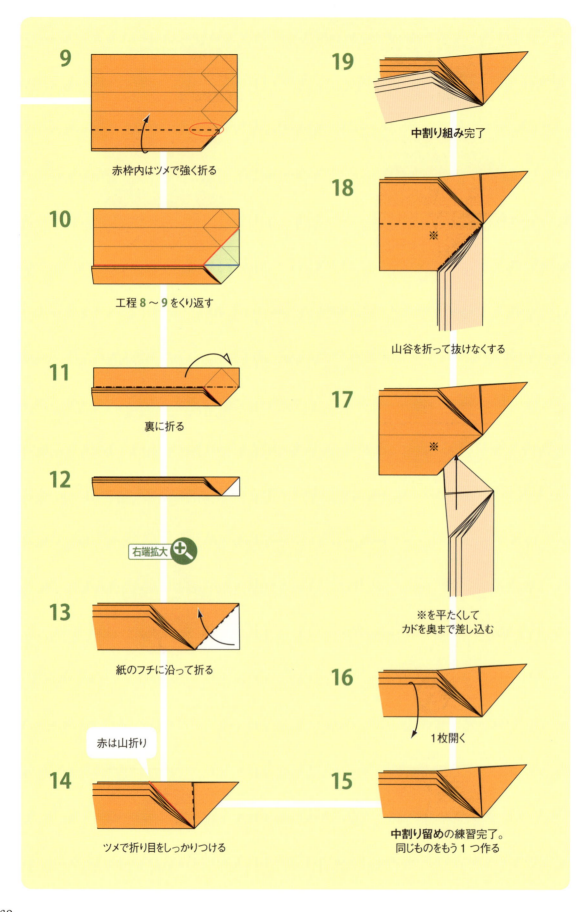

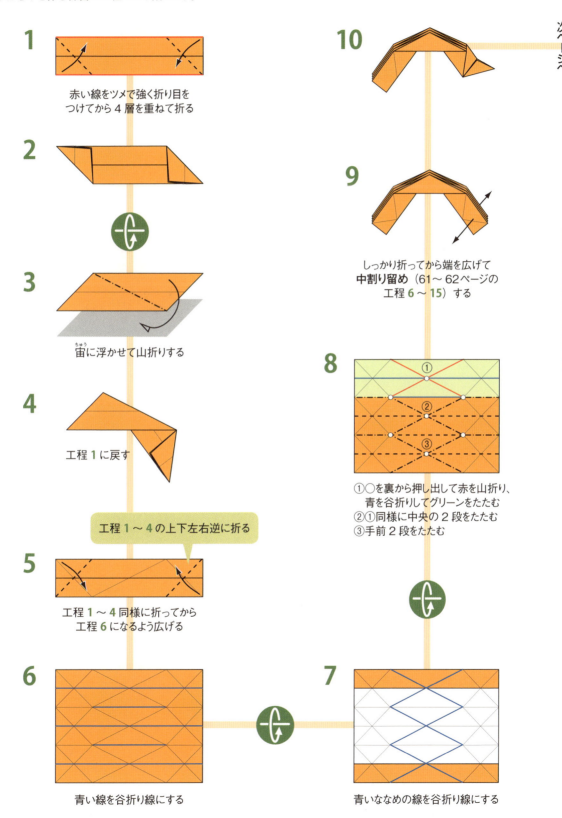

11

右側も**中割り留め**する

12

パーツ完成。同じものをあと3つ作る

13

横から見る

14

裏から指先を押し当てて
黄色い部分を平たくする

15

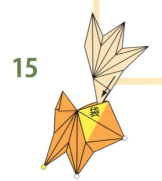

62ページの工程 **17 ～ 19** と
同じようにパーツを組む

19 立体図 **完成**

かぼちゃ完成

18

17

工程 **12** の*を開く

16

①工程 **14** の反対側の手で
　同じように組む
②同じようにパーツをあと 2 個を組む
③最初と最後のパーツを組む

応用編 上品なかぼちゃを作る

用紙サイズ 15cm×15cm×4
用紙の種類 普通の色紙またはタントなど

シンデレラの馬車用の上品なかぼちゃを作ります。

1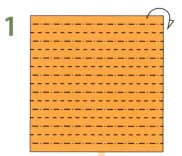
① 16等分のジャバラに折り目をつける
② 一番上と一番下を折る

2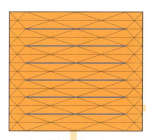
ななめ45°の谷折り線（青）を下図のようにていねいにつける

フチを赤い線に合わせると青い折り目がつく

3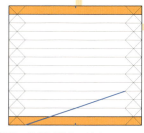
① 青い谷折り線をつける
② フチの中央に短い折り目をつける

インクの切れたボールペン（または手芸用鉄筆）と定規で筋をつけてから谷折り線にすると、きれいに仕上がる

4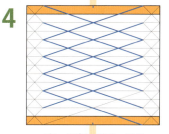
青い谷折り線をつける

5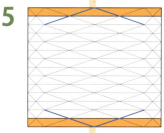
工程3②の短い折り目から4本の折り目をつける

6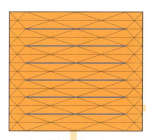
青を谷折り線に変える

7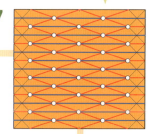
青い線が端まで谷折りされていることを確認しながらたたむ

Step 4の工程8と同じように折りたたむ

8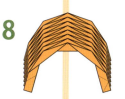
Step 4と同じように
① 両端を**中割り留め**する
② 4個作って組む

9
完成
上品なかぼちゃ完成

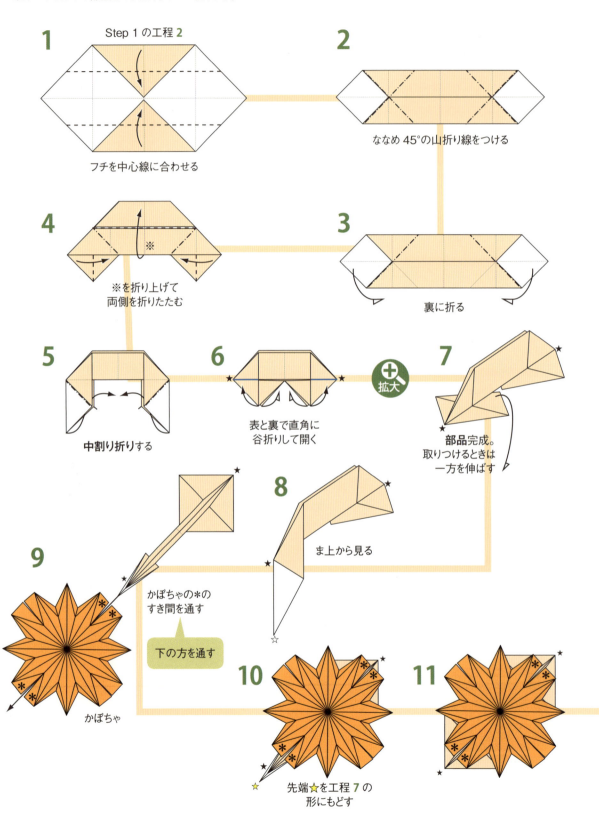

13

完成

かぼちゃの馬車

12

反対側に差し込む

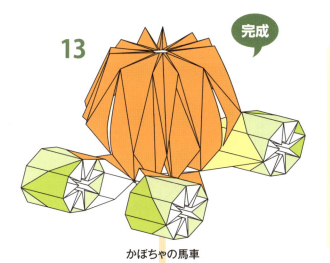

グリーンの部分を
上下に2つあるうちの
下のすき間に差し込む

かぼちゃの重みで台車が沈むときは

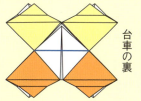

台車の裏

台車の裏（Step 2 工程 12 の裏）
にある厚い正方形を
対角線で少し谷折りする

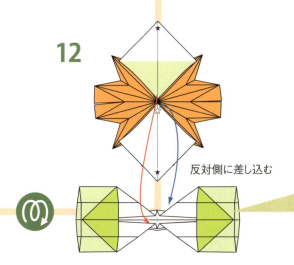

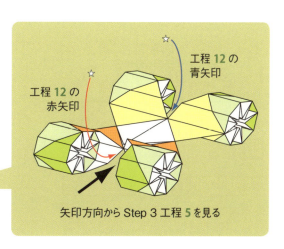

工程 12 の
青矢印

工程 12 の
赤矢印

矢印方向から Step 3 工程 5 を見る

シンデレラ

シンデレラのお城

竜宮城の建築技術の応用でシンデレラのお城を作ります。写真ではタントを使っていますが、普通の色紙で折ってください。また、この本では白と青のお城の作り方を説明していますが、好きな色で折ってください。

難易度
★★★

かなり時間がかかる

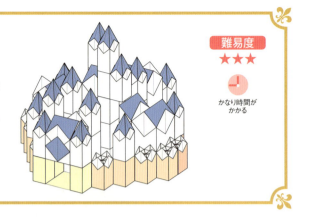

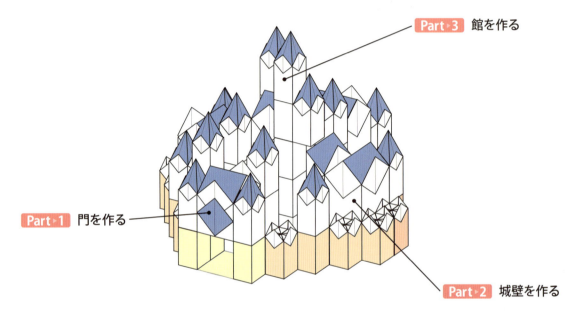

Part▶1 門を作る

Part▶3 館を作る

Part▶2 城壁を作る

お城の構造

お城は**門**と**城壁**と**館**からなります。作りやすくするために、ほぼ左右対称にしています。

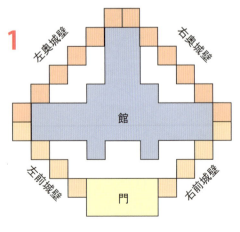

1

左奥城壁　右奥城壁
館
左前城壁　右前城壁
門

お城をま上から見た図

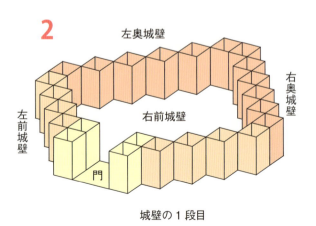

2

左奥城壁
右奥城壁
左前城壁　右前城壁
門

城壁の1段目

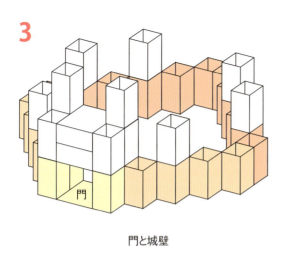

門と城壁

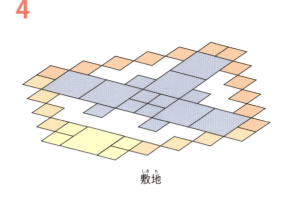

敷地

蛇腹ブロック4個

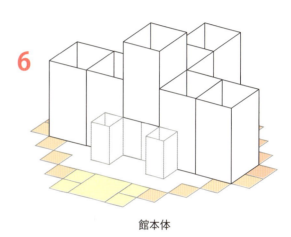

館本体

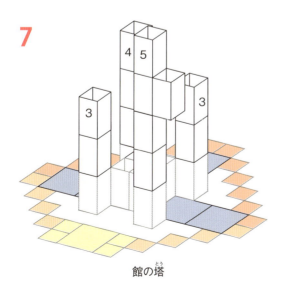

館の塔

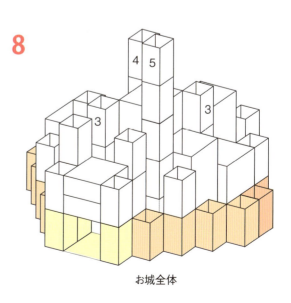

お城全体

Part ▶ 1 門を作る

使う用紙のリスト			7.5cm×7.5cm			15cm×15cm		
			青	白	灰	青	白	灰
門の塔	ブロック（白）	6		24				
	ブロック（灰）	4			16			
	3角屋根	4	4	4				
	縦ジョイント（白）	8		8				
	縦ジョイント（灰）	4			4			
	横ジョイント（白）	2		2				
	横ジョイント（灰）	2			2			
1階の部屋（白）		1					1	
2階の部屋（白）		1					1	
屋根の台座（青）		1				1		
大屋根（青）		1				1		
接続パーツ（白）		2		2				
合計			4	40	22	2	2	

＊15cm×12.8cmに切る

Step ▶ 1 屋根の台座を作る

材料　7.5cm×7.5cm（白）
（大屋根用は15cm×15cm）

3角屋根用は7.5cm角で、大屋根用は15cm角で折ります。

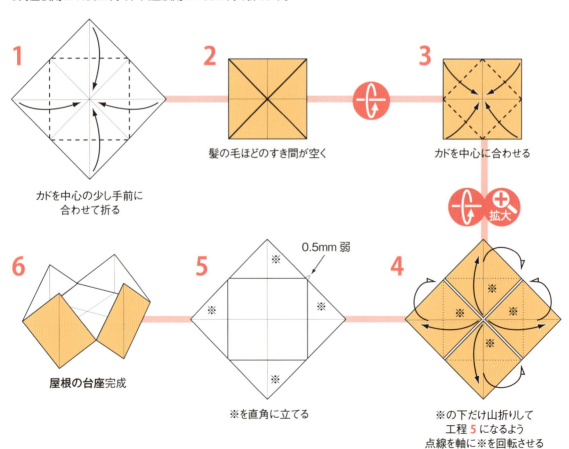

1　カドを中心の少し手前に合わせて折る
2　髪の毛ほどのすき間が空く
3　カドを中心に合わせる
4　※の下だけ山折りして工程5になるよう点線を軸に※を回転させる
5　0.5mm弱　※を直角に立てる
6　屋根の台座完成

Step ▶ 2 3角屋根を作る

材料　7.5cm×7.5cm（青）
7.5cm角（白）で折った屋根の台座

7.5cm角（青）で折ります。

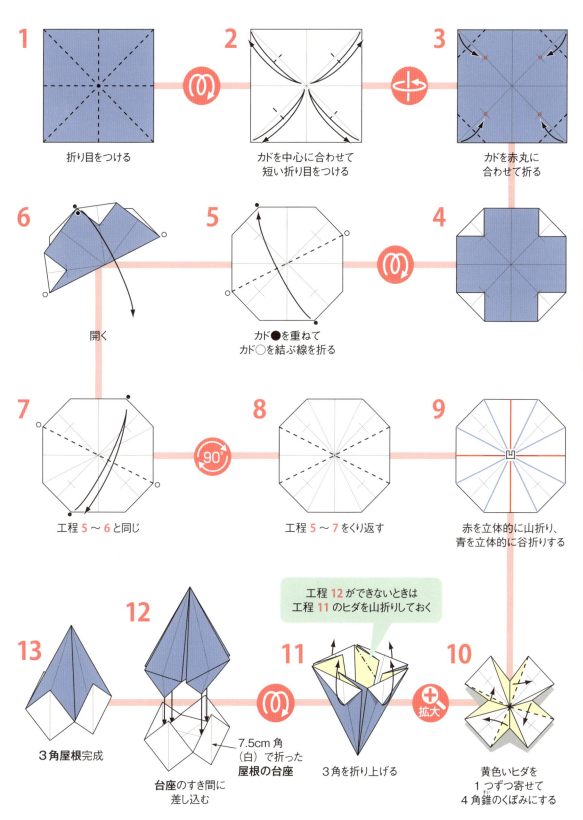

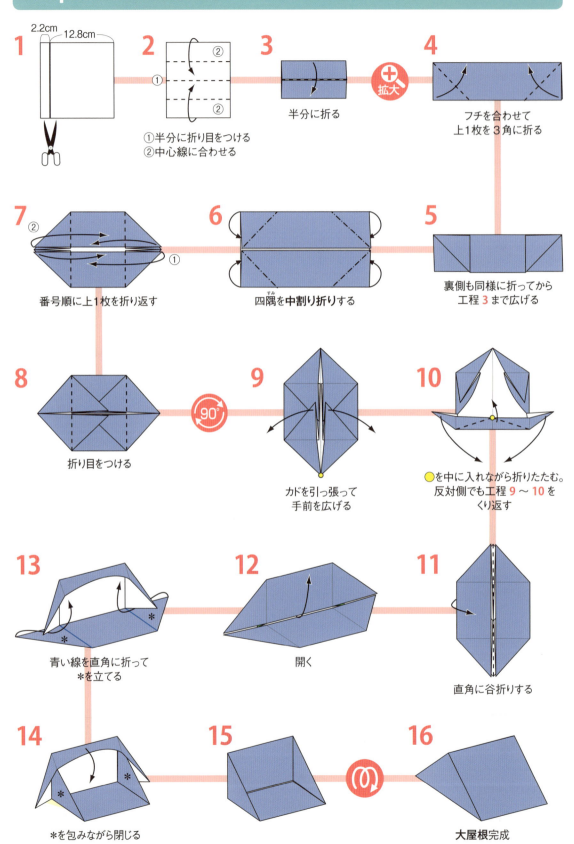

ブロックを横組みする練習

材料 7.5cm×7.5cm ブロック中（25〜26ページ）×2

横ジョイントでブロックを横組みします。

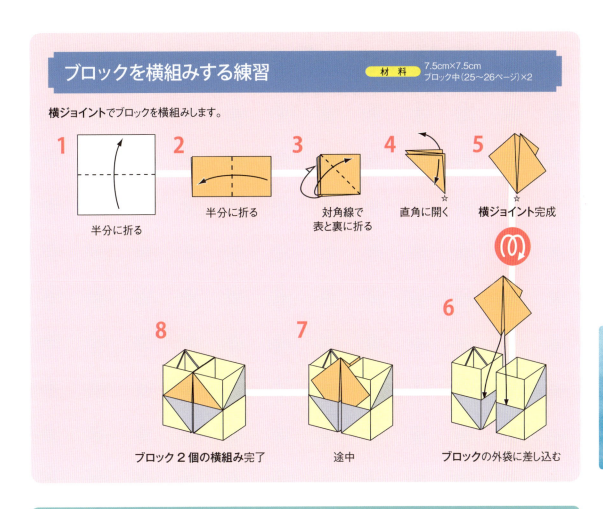

Step ▶ 4　門の塔を作る

材料 ブロック中（白×6＋灰×4）＋3角屋根×4
縦ジョイント（白×8＋灰×4）＋横ジョイント（白＋灰）×2

縦組みしたブロック中（25〜27ページ）を横ジョイントで組んだものに Step 2 の3角屋根を乗せます。

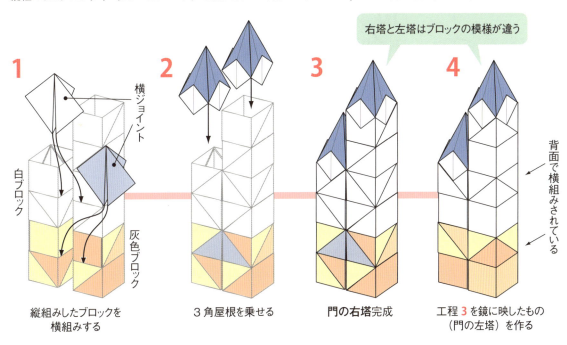

Step ▶ 5 門を作る

材料 15cm×15cm(白)＋7.5cm×7.5cm(白×2)
龍宮城の部屋(白、49ページ)＋大屋根の台座(青、70ページ)＋大屋根(青)

まず、門の部屋を作ってから、Step 4 で作った門の塔と組みます。
表裏が区別できるように練習は色紙で折りますが、本番は白で折ってください。

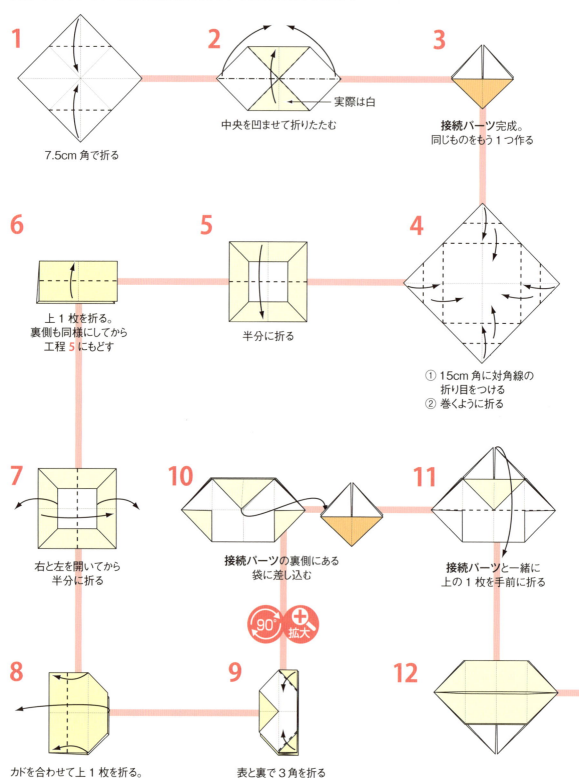

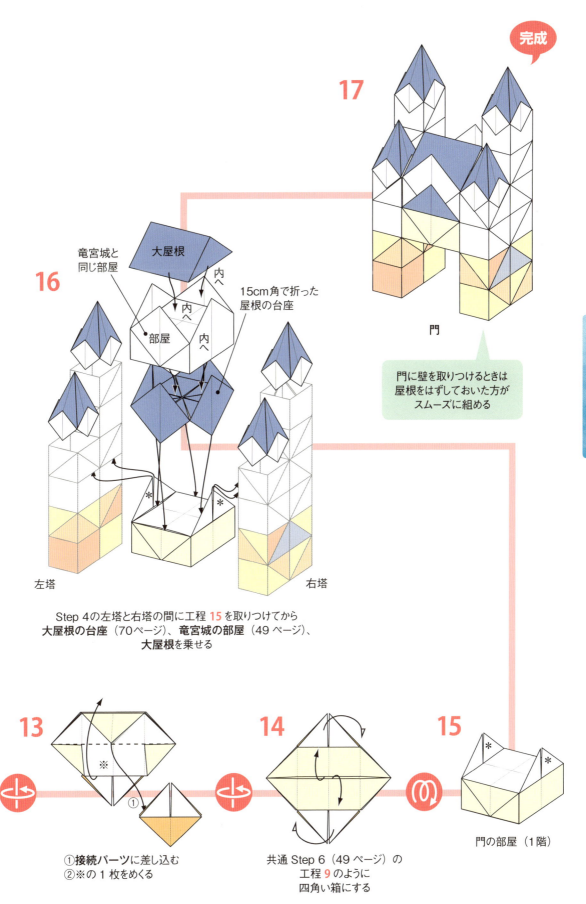

Part ▶ 2 城壁を作る

使う用紙のリスト			7.5cm×7.5cm			15cm×15cm		
			青	白	灰	青	白	灰
前	蛇腹ユニット（灰）	6			18			6
	Mユニット（灰）	4			8			
	ブロック（白）	2		8				
	縦ジョイント（白）	2		2				
	縦ジョイント（灰）	2			2			
	屋根の台座（白）	8		8				
	3角屋根（青）	2	2					
奥	蛇腹ユニット（灰）	10			30			10
	Mユニット（灰）	4			8			
	ブロック（白）	4		16				
	縦ジョイント（白）	4		4				
	縦ジョイント（灰）	4			4			
	屋根の台座（白）	12		12				
	3角屋根（青）	4	4					
ジョイント	横ジョイント（灰）	3			3			
	短ジョイント（灰）	2			2			
合計			6	50	75			16

Step ▶ 1 蛇腹ユニットを作る

材料　15cm×15cm＋7.5cm×7.5cm
7.5cm角で折ったくちばしパーツ（灰）×2（25ページ）

くちばしパーツ用紙の2倍サイズの15cm角で折ってください。

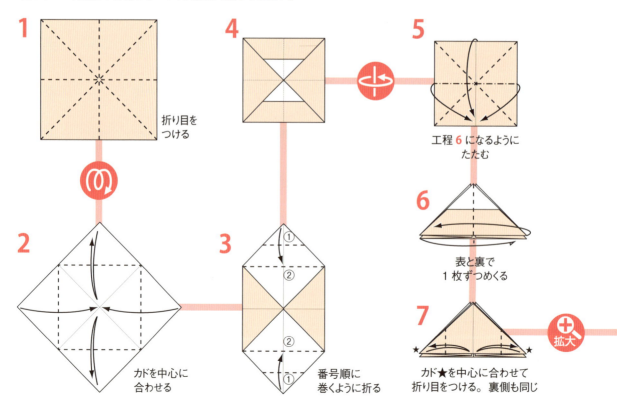

1 折り目をつける

2 カドを中心に合わせる

3 番号順に巻くように折る

4

5 工程6になるようにたたむ

6 表と裏で1枚ずつめくる

7 カド★を中心に合わせて折り目をつける。裏側も同じ

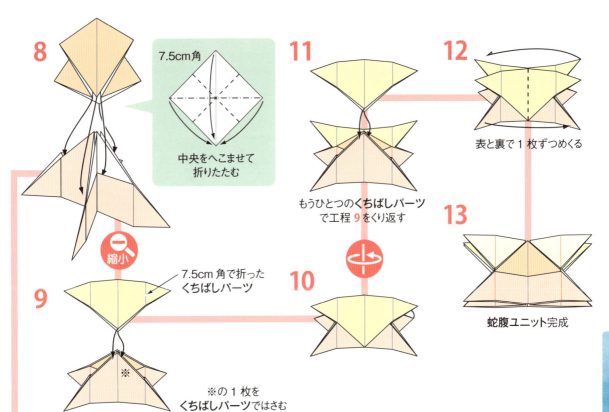

Step ▶ 2 短ジョイントを作る

材料 7.5cm×7.5cm

丈夫に横組みしたいときに、短ジョイントを使います。

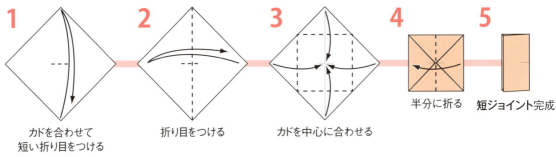

短ジョイントでブロックを横組みする

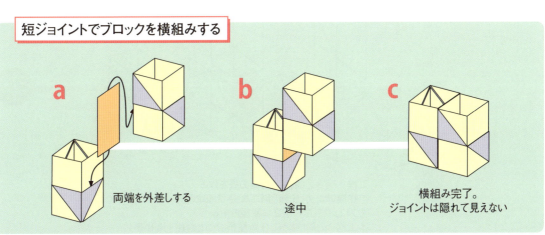

Step ▶ 3 城壁を作る

材 料　76ページの用紙リストを参照

右と左の城壁を作って、Part 1で作った門と組みます。

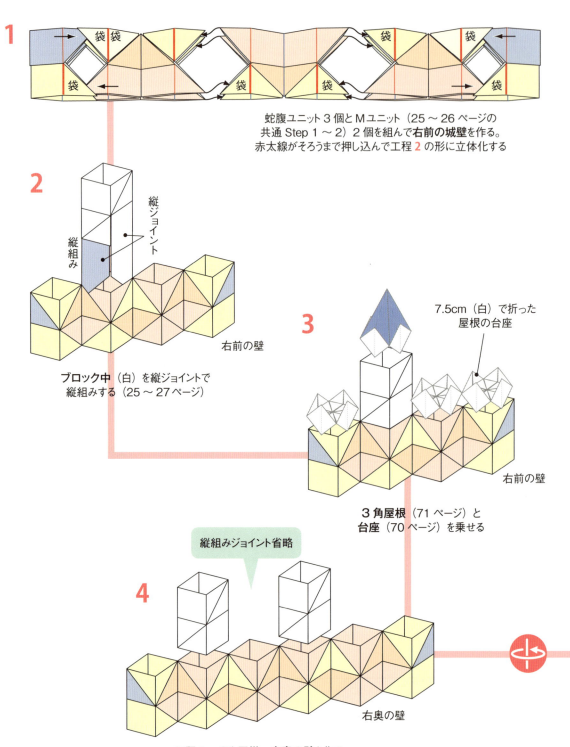

1　蛇腹ユニット3個とMユニット（25～26ページの共通Step 1～2）2個を組んで**右前の城壁**を作る。赤太線がそろうまで押し込んで工程**2**の形に立体化する

2　ブロック中（白）を縦ジョイントで縦組みする（25～27ページ）

3　**3角屋根**（71ページ）と**台座**（70ページ）を乗せる

4　工程**1**～**3**と同様、**右奥の壁**を作る
①蛇腹ユニット5個とMユニット2個を組む
②ブロック（白）を2つ縦組みする
③工程**3**と同じように3角屋根2つと台座を乗せる

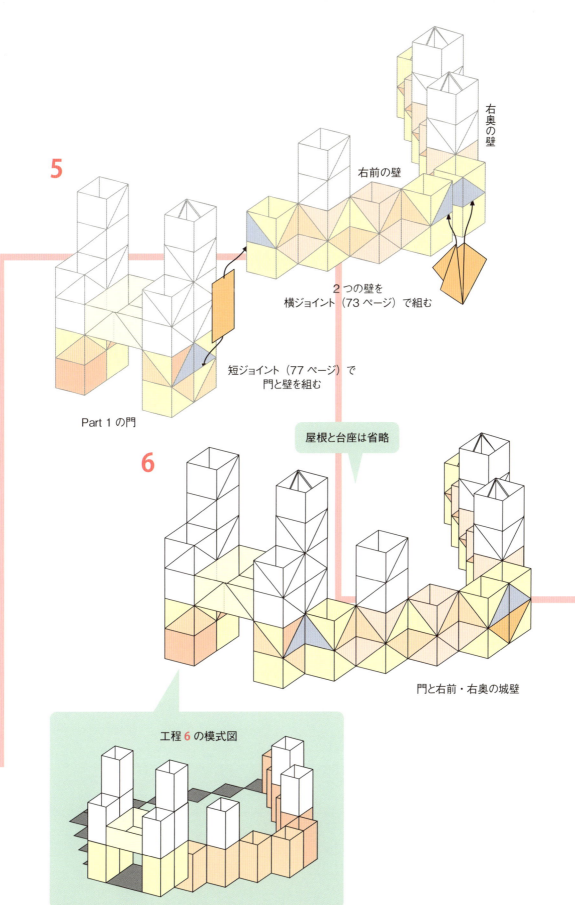

7

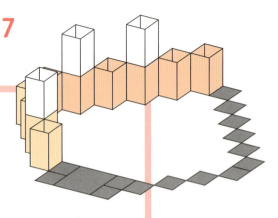

工程 1 ～ 5 同様、
左側の壁を作って門と組み
横ジョイント（73 ページ）で
右側の壁と横組みする

8

完成

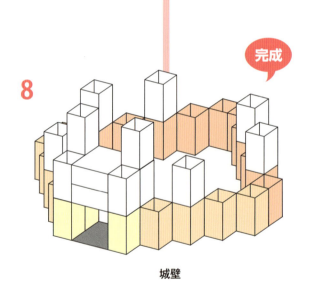

城壁

Part▶3 館を作る

使う用紙のリスト

		必要数	7.5cm×7.5cm			15cm×15cm		
			青	白	灰	青	白	灰
館本体	簡易蛇腹ユニット（白）	4		8			4	
	Mユニット（白）	8		16				
	ジョイント（白）	1		1				
	縦ジョイント（白）	6		6				
	屋根の台座（白）	1					1	
	変則ブロック（白）	3					12	
	ブロック大（白）	3					12	
	横ジョイント（白）	3		3				
館の塔	ブロック中（白）	12		48				
	縦ジョイント（白）	14		14				
	縦ジョイント（白）接続用	8		8				
	短ジョイント（白）	1		1				
	ブロック大（白）	1					4	
	合計			102			36	

		必要数	7.5cm×7.5cm			15cm×15cm		
			青	白	灰	青	白	灰
館の屋根と台座	大屋根（青）	7				8		
	大屋根の台座	7					8	
	3角屋根（青）	5	5					
	台座（白）3角屋根用	5		5				
	合計		5	5		8	8	

＊15cm×12.8cmに切る

シンデレラ

Step▶1 簡易蛇腹（かんいじゃばら）ブロックを作る

材料　15cm×15cm(白)×1
　　　くちばしパーツ(白)×2＋Mユニット(白)×2

工程1の簡易蛇腹ユニットは、蛇腹ユニット（76ページ）の工程3①と工程8を省いたものです。

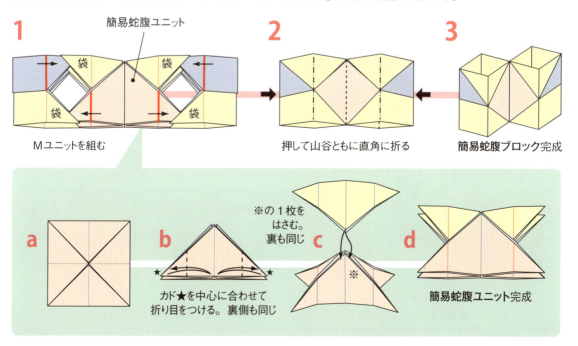

1 Mユニットを組む

2 押して山谷ともに直角に折る

3 簡易蛇腹ブロック完成

a

b カド★を中心に合わせて折り目をつける。裏側も同じ

c ※の1枚をはさむ。裏も同じ

d 簡易蛇腹ユニット完成

ブロック4個をジョイント1つで横組みする練習

材料 ブロック中×4（25～26ページ）＋7.5cm×7.5cm×1

ジョイント1個でブロックを横組みします。

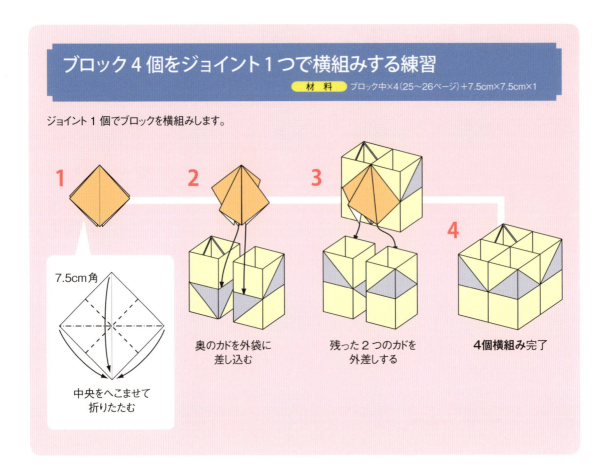

Step▶2 館を作る

材料 81ページの用紙リストを参照

Step 1の**簡易蛇腹ブロック**4個を上の練習のように、ジョイント1つで横組みします。
すべて白で折りますが、分りやすくするためにジョイントと外袋と外ツメに色をつけています。

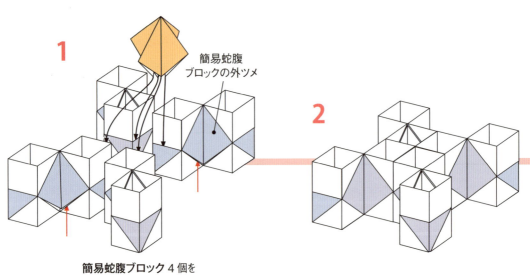

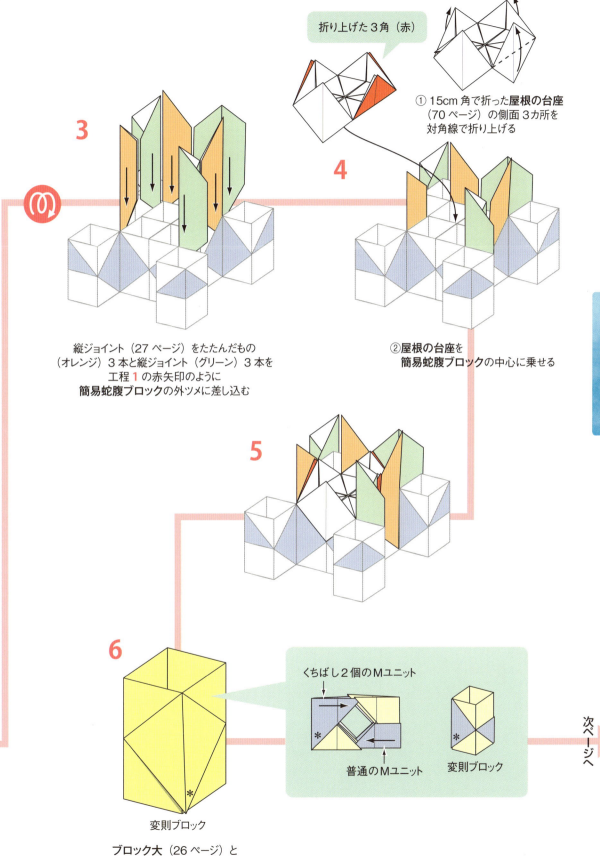

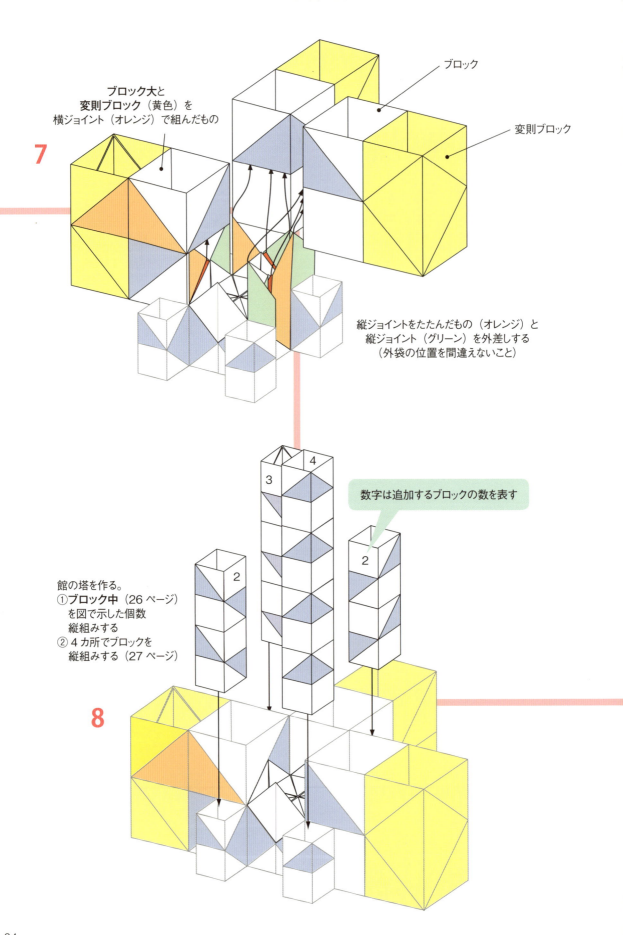

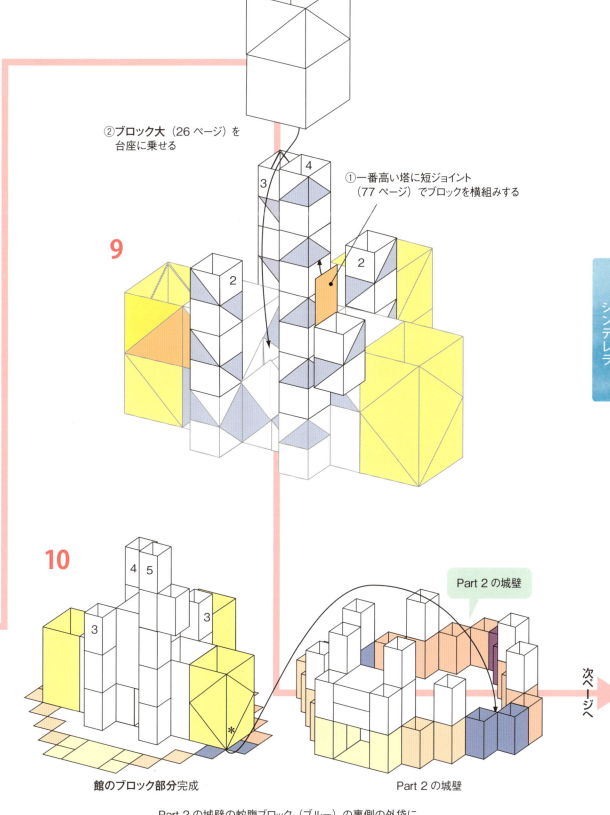

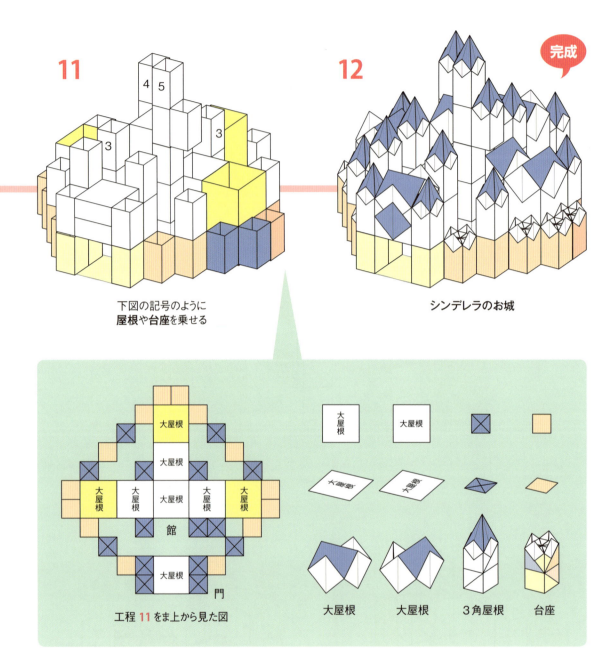

シンデレラ

泣いているシンデレラのまえに妖精の老婆があらわれました。妖精が魔法の呪文をとなえて杖をふると、またたくまにかぼちゃが馬車に、やぶれたドレスが美しいドレスに変わりました。「12時の鐘がなり終わったら魔法はとけるからね」老婆の忠告をうけ、シンデレラはかぼちゃの馬車にのってお城の舞踏会に向かいます。

銀河鉄道の夜
宮沢賢治

少年ジョバンニは放課後、活版所でのアルバイトを終えると、いつものように病気の母親のためにパンと角砂糖を買って帰りました。その日、ジョバンニは銀河のお祭りを見にいくと言って家を出ますが、途中で会った同級生たちにからかわれて、ひとり町はずれの丘でさびしく星空を眺めていました。すると突然「銀河ステーション」というアナウンスが聞こえ、目のまえが強い光に包まれ、気がつくと銀河鉄道に乗っていました。

星の輝き

星の輝きをホイル紙で表現しました。
ホイル紙の折り目は山谷を変えるときたなくなるので、折り方（工程 **3 ～ 6**、工程 **10 ～ 15**）も普通とは違っています。
自己流に折り方を変えないで説明通りに折ってください。

難易度 ★★

あまり時間はかからない

星の輝きを折る

用紙サイズ　15cm×15cm
用紙の種類　銀紙などのホイル紙

1

4等分の折り線を
しっかりつける

2

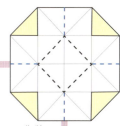

谷折り線をつけてから
四隅を折る

3

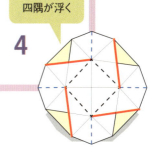

青い破線を裏側からつまんで
破線をすべて谷折りする

四隅が浮く

4

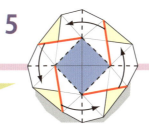

赤太線を軽く山折りする

5

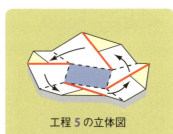

青い部分を机に押しつけたまま
ねじってたたむ

工程5の立体図

拡大

6

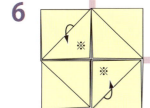

※を少し開く

7

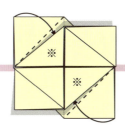

谷折りして※の下に入れる

8

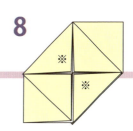

次ページへ

銀河鉄道の夜

91

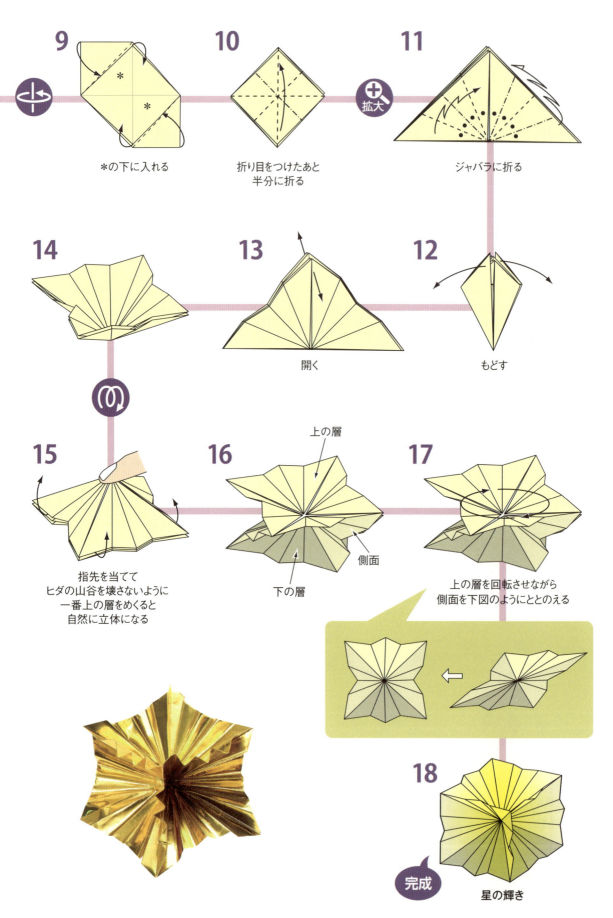

応用編 広い銀紙で豪華な輝きを作る

用紙サイズ 24cm×24cm以上
用紙の種類 銀紙などのホイル紙

広い紙だとヒダが増やせるので、輝きが豪華になります。

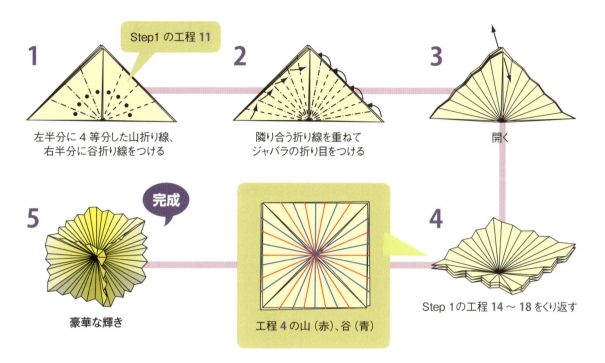

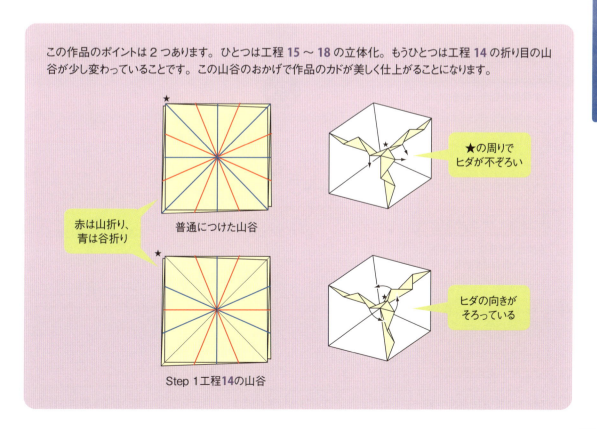

お星さま

何の変哲もない星型の器ですが、高度なアイデアが盛り込まれています。アイデアのひとつは紙の表と裏が平等に使われていることです。この「表裏同等技法」は筆者が世界で初めて考案したものです。もうひとつは丈夫なことです (96 ページ参照)。まず、普通の色紙で練習してください。

難易度 ★★

あまり時間はかからない

お星さまを折る

用紙サイズ 15cm×11.5cm
用紙の種類 銀紙などのホイル紙

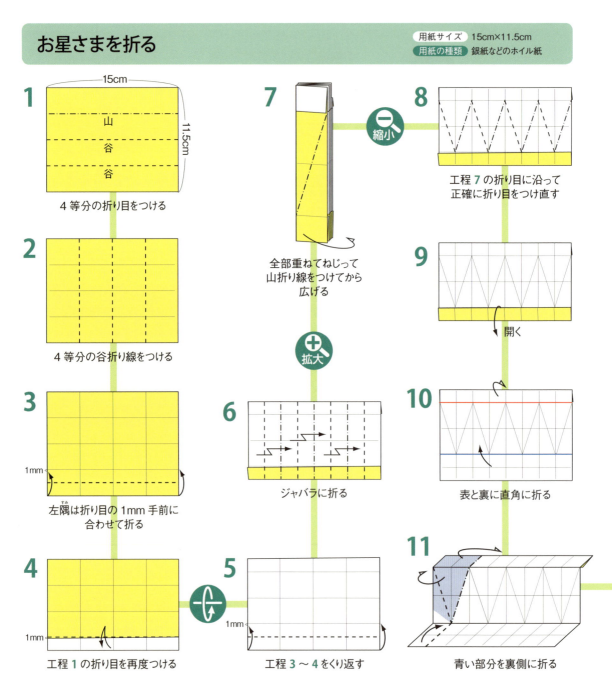

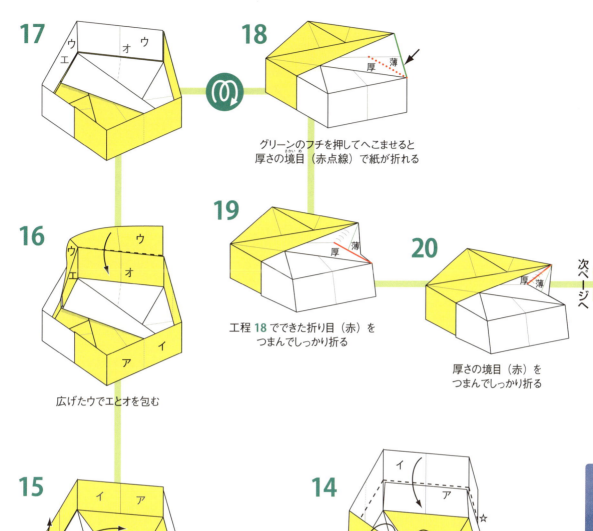

18 グリーンのフチを押してへこませると
厚さの境目（赤点線）で紙が折れる

19 工程18でできた折り目（赤）を
つまんでしっかり折る

20 厚さの境目（赤）を
つまんでしっかり折る

次ページへ

銀河鉄道の夜

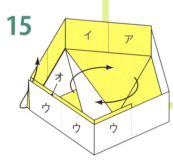

広げたウでエとオを包む

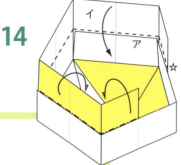

側面を内側に折ってアを包む

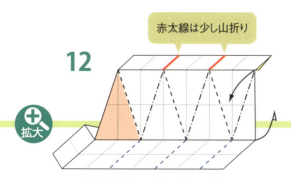

①ウの裏の1枚をオの手前で広げる
②アとイが手前にくるように、
　右回りに回転させる

赤太線は少し山折り

①谷折り線をつける（青い破線）
②ピンクの3角を固定して右端をねじる

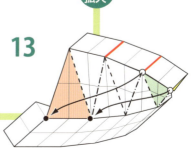

ねじって○を●に近づけて
グリーンの3角をピンクの3角に重ねると
自然に5角箱にまとまる

95

21
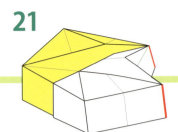

フチ（赤）をつまんで
しっかり折る

22
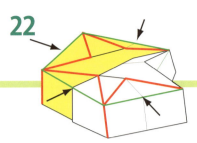

工程 18 〜 22 同様に
グリーンの線を押し込みながら
赤い線をつまんで山折りする

23
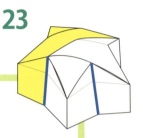

内側から青い線をつまんで
しっかり谷折りする。
隠れて見えない 3 本も同じ

用紙サイズを縦横半分に
すると可愛くなる

25

24
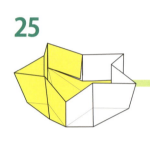

完成

お星さま

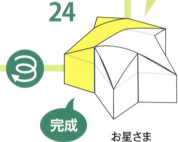

表裏同等折り紙

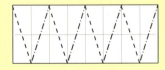

工程 8
中央の帯

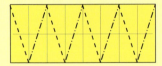

工程 8 中央の帯は、裏返しても折り線の位置や山谷が変化しません。これは、紙の表と裏が平等に扱われていることを意味します。このような折り紙を「表裏同等折り紙」といいます。

頑丈さ

工程 8 中央の帯を
折ったときの
紙の重なり

普通の折紙容器では紙のフチや折り線が底の中心で交わるため、中央がほころびやすくなります。しかし、この容器では折り線や用紙のフチが中心を通らないため、壊れにくく丈夫に仕上がります。

ラッキースター

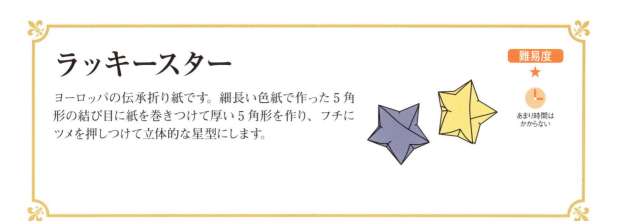

ヨーロッパの伝承折り紙です。細長い色紙で作った5角形の結び目に紙を巻きつけて厚い5角形を作り、フチにツメを押しつけて立体的な星型にします。

難易度 ★
あまり時間はかからない

ラッキースターを作る

用紙サイズ 15cm×1cm×2
用紙の種類 銀紙などのホイル紙

1cm幅で25cmくらいの長さの帯で折ります。普通サイズの色紙を使う場合は、2本切り出してください。
工程14以降がむずかしいので、初心者は銀紙ではなく少し厚い色紙で練習してください。

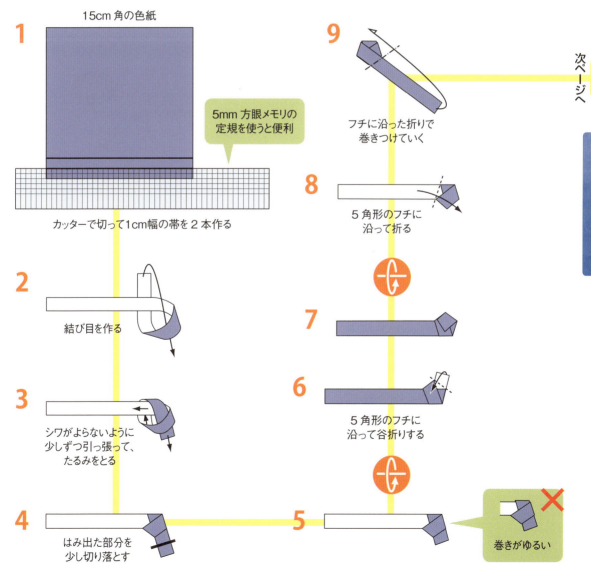

銀河鉄道の夜

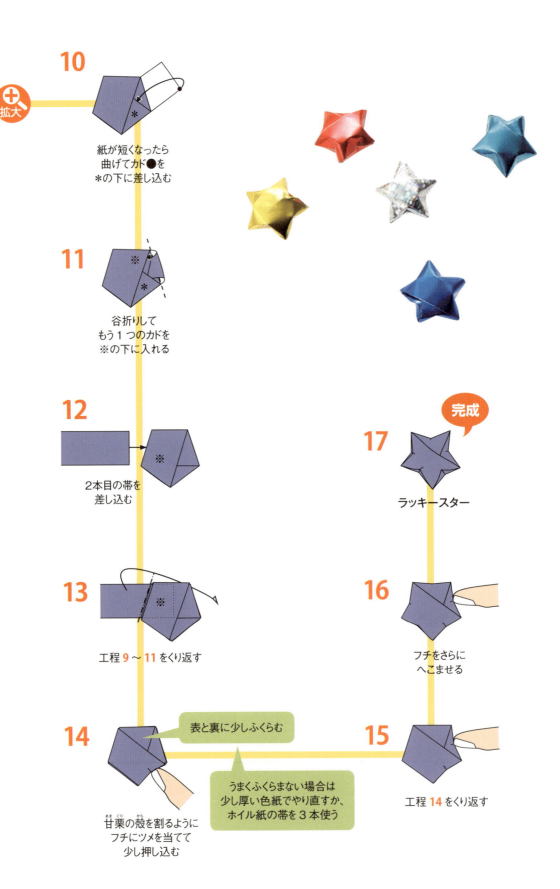

スーパーノヴァ（超新星）

超新星とは、その名称とは逆に巨大な星の最期の爆発による強い輝きのことです。この作品は、この強い輝きを表現したもので、「鶴の基本形」をもとにしたパーツ30個をうず組みして球状にします。

難易度 ★★★

少し時間がかかる

Lesson らせん折り・うず留め・うず組みの練習

用紙サイズ 7.5cm×7.5cm または 15cm×15cm×3

パーツを組むための3つの技法、**らせん折り・うず留め・うず組み**の練習をします。

らせん折り
色違いで3つ作ってください。

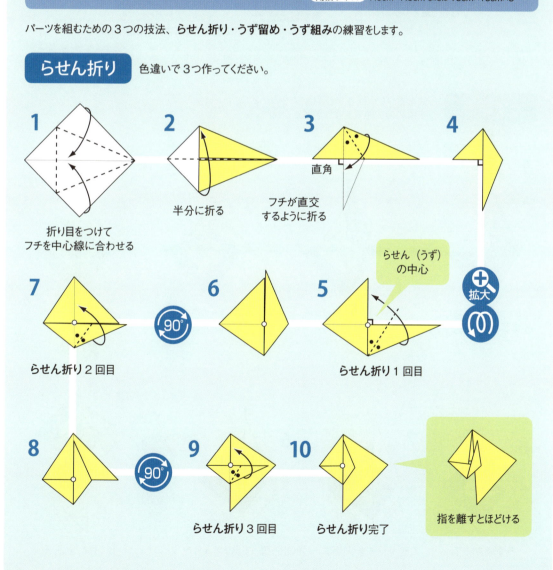

銀河鉄道の夜

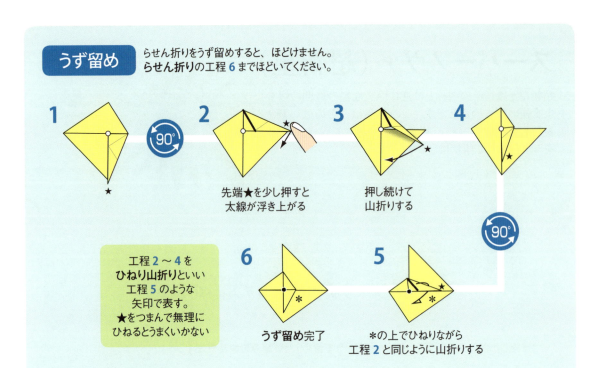
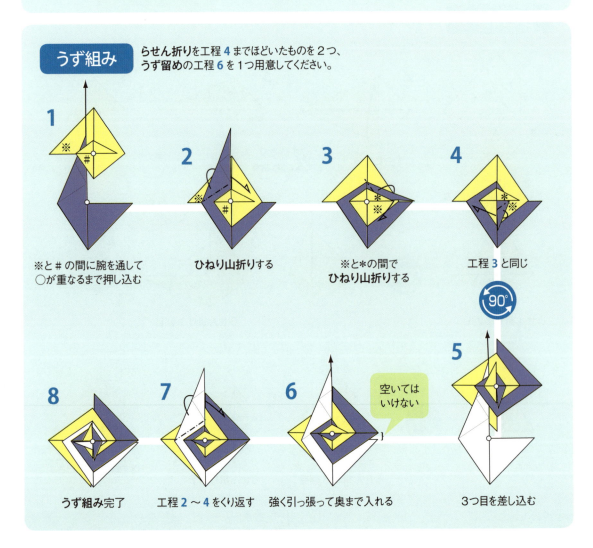

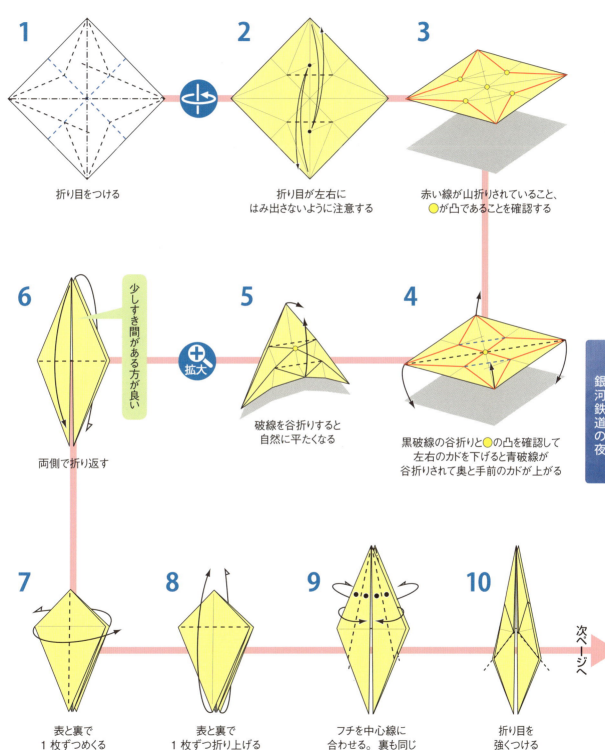

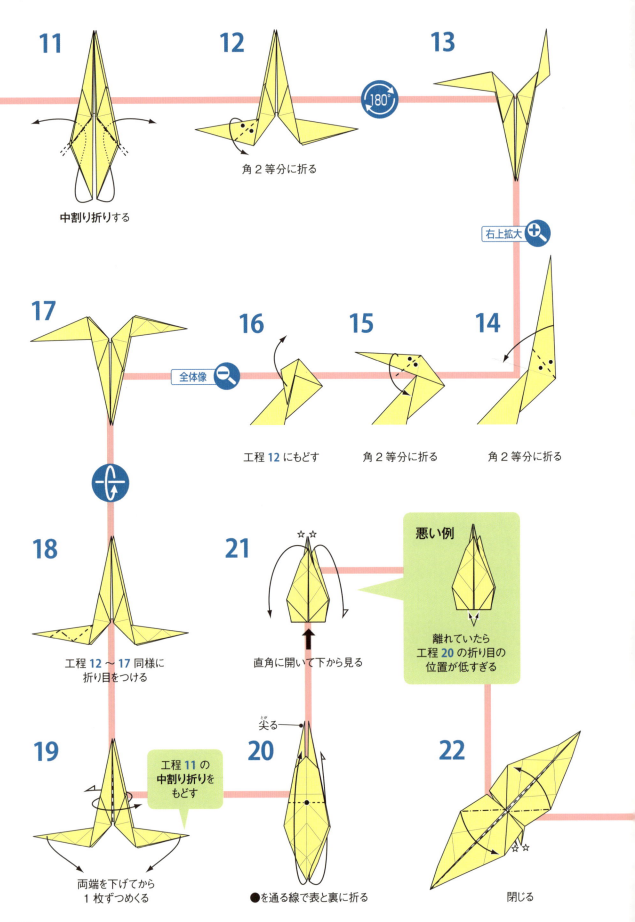

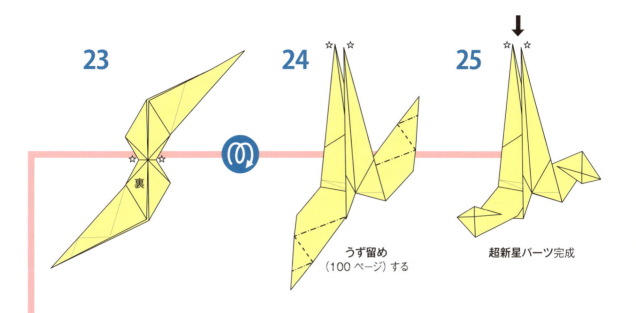

うず留め
(100ページ)する

超新星パーツ完成

Step▶2 超新星パーツを組む

材料 超新星パーツ×30

超新星パーツ30個を**うず組み**して正20面体にします。

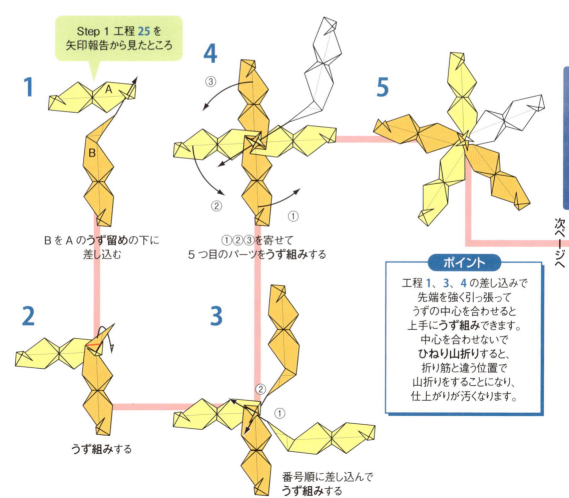

BをAのうず留めの下に差し込む

うず組みする

番号順に差し込んで**うず組み**する

①②③を寄せて5つ目のパーツを**うず組み**する

ポイント

工程**1**、**3**、**4**の差し込みで先端を強く引っ張ってうずの中心を合わせると上手に**うず組み**できます。中心を合わせないで**ひねり山折り**すると、折り筋と違う位置で山折りをすることになり、仕上がりが汚くなります。

銀河鉄道の夜

次ページへ

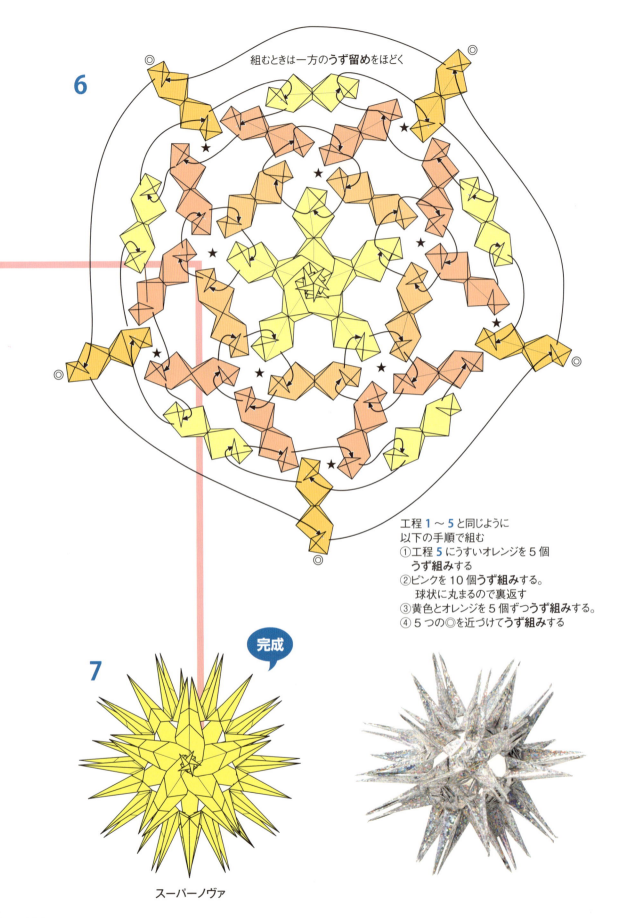

銀河鉄道

「シンデレラのお城」と並ぶ本書の大作です。『折り紙夢WORLD』の汽車を大幅に改良しました。最大のポイントは連結器。各車両は連結器のうず組みでつながるので曲がった線路もOKです。そのほか、機関車の馬力をアップし、先頭の排障器(はいしょうき)を実物のように3角にし、客車を長くしました。客車の車輪が取りつけやすく、しっかりつけられるようになったのもポイントです。

難易度 ★★★

かなり時間がかかる

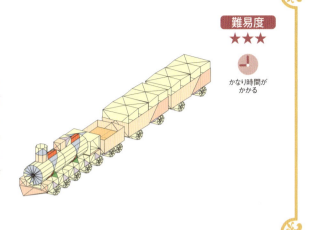

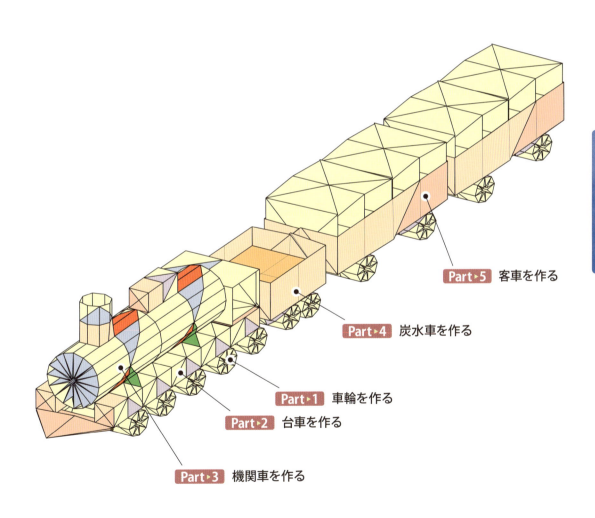

Part▶5 客車を作る

Part▶4 炭水車を作る

Part▶1 車輪を作る

Part▶2 台車を作る

Part▶3 機関車を作る

銀河鉄道の夜

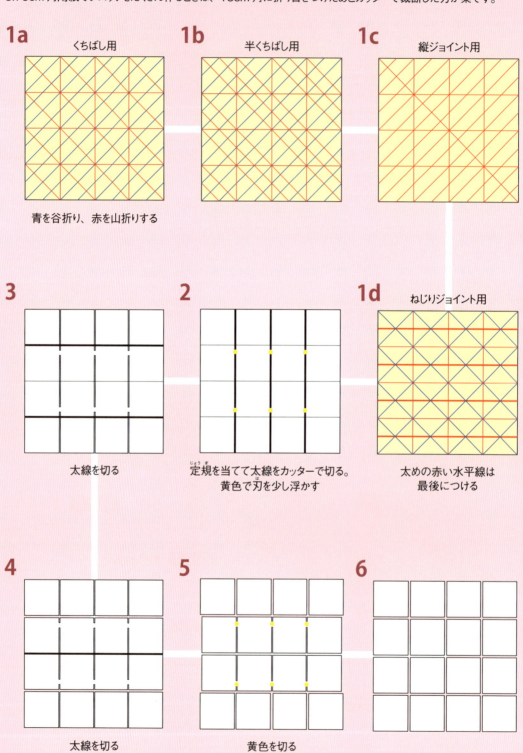

Part ▶ 1 車輪を作る

機関車や客車の車輪を作ります。初心者は、指定された用紙の2倍の大きさの用紙で作る練習を必ずしてください。

使う用紙のリスト			3.75cm×3.75cm	7.5cm×7.5cm
車輪×5	縦ジョイント		10	10
	車軸	ブロック中	5	20
	車輪枠	ブロック小	10	40
合計			50	20

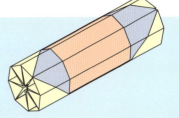

Step ▶ 1 縦ジョイントを作る   材料 3.75cm×3.75cm

ブロックを縦方向につなぐ部品を作ります。

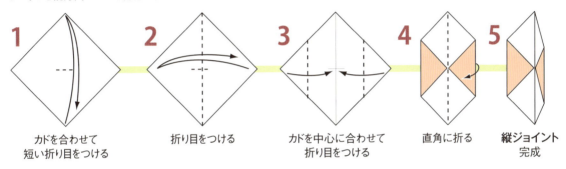

1. カドを合わせて短い折り目をつける
2. 折り目をつける
3. カドを中心に合わせて折り目をつける
4. 直角に折る
5. 縦ジョイント完成

Step ▶ 2 車軸を作る   材料 ブロック中

ブロック中（25～26ページ）をジャバラに折って車軸にします。

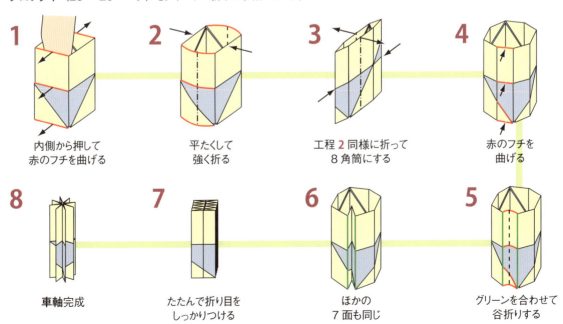

1. 内側から押して赤のフチを曲げる
2. 平たくして強く折る
3. 工程2同様に折って8角筒にする
4. 赤のフチを曲げる
5. グリーンを合わせて谷折りする
6. ほかの7面も同じ
7. たたんで折り目をしっかりつける
8. 車軸完成

銀河鉄道の夜

107

Step ▶ 3　車輪枠を作る

材料　ブロック小×2　Step 1の縦ジョイント×2

ブロック小（25〜26ページ）を縦に組んでから8角筒にします。

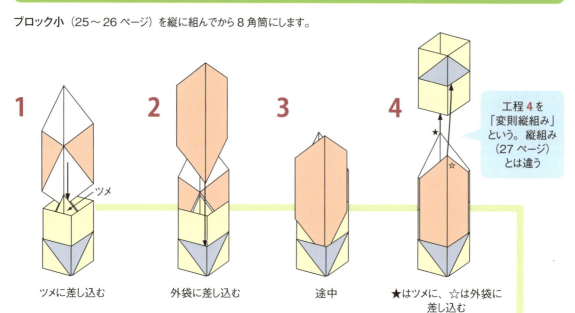

Step ▶ 4　車輪を作る

材料　車軸＋車輪枠

車輪枠に車軸を入れて車輪にします。

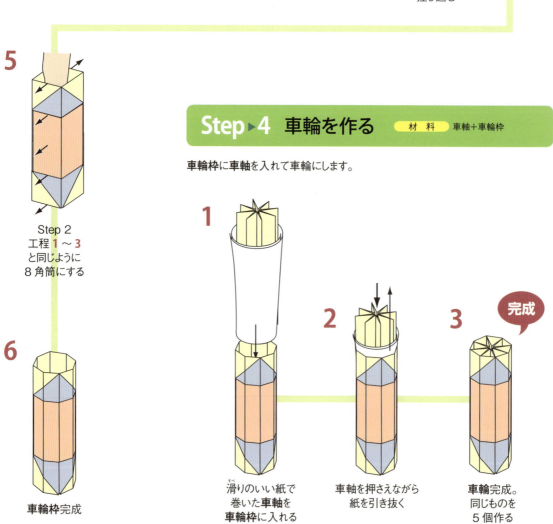

Part▶2 台車を作る

機関車の土台となる部分です。ブロック小5個を縦に組んだもの2本に車輪5本をねじり組みし、排障器（はいしょうき）を取りつけます。

使う用紙のリスト			3.75cm×3.75cm	7.5cm×7.5cm
台車	排障器		1	1
	ねじりジョイント		10	10
	台車の骨格	フタ	8	8
		ブロック小	10	40
		縦ジョイント	16	16
	縦ジョイント		2	2
合計			76	1

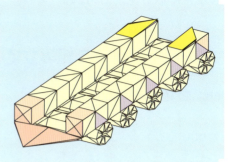

Step▶1 ねじりジョイントを作る　材料 3.75cm×3.75cm

ブロックに車輪を取りつけるための部品です。正と逆の2種類あります。

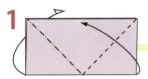
1 半分に折ったところから始める

2 直角に開く

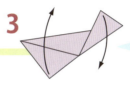
3 正ねじりジョイント完成

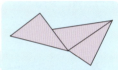
工程1の山谷を逆に折った 逆ねじりジョイント

Step▶2 排障器を作る　材料 7.5cm×7.5cm

排障器とは、機関車の前方に装着されている、線路上の障害物をはねとばす装置です。

1 ①折り目をつける ②1カ所折る

2 ①赤い線を重ねて折る ②谷折りする

3 谷折り線をつける

4 ●を合わせて段折りする

5 工程3にもどす

6 中割り折りする

7 ※の下で段折りする

8 排障器完成

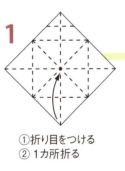
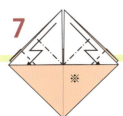
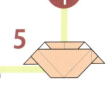

銀河鉄道の夜

Step ▶ 3　台車の骨格を作る

1本分の材料　ブロック小×5＋縦ジョイント×8＋フタ×4
（用紙サイズは109ページ）

共通 Step 1～3（25～27ページ）と同じように 3.75cm で折った**ブロック小**を縦に5個組んでフタをしたもの（28ページの共通 Step 5）を2本作ります。

Step ▶ 4　台車を組み立てる

材　料　正,逆ねじりジョイント×各5＋縦ジョイント×2
台車の骨格×2＋車輪×5＋排障器

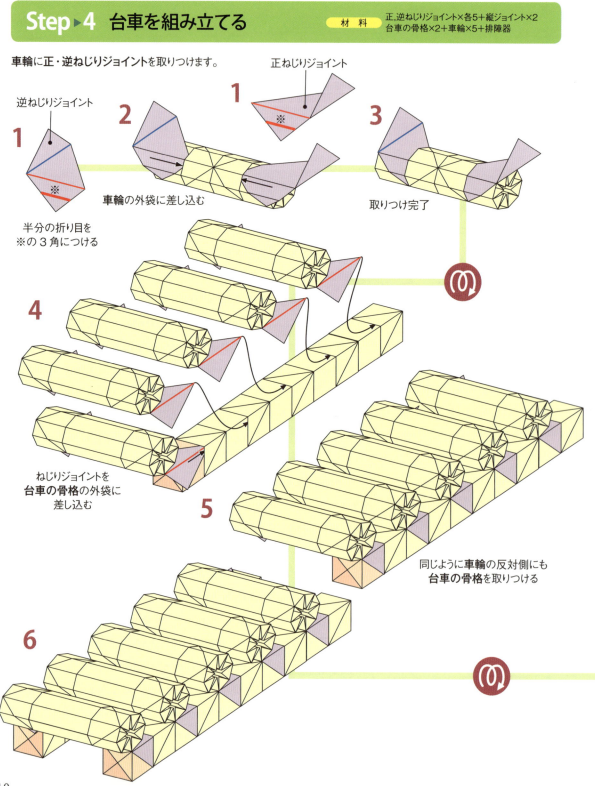

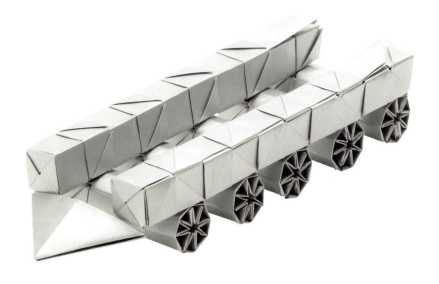

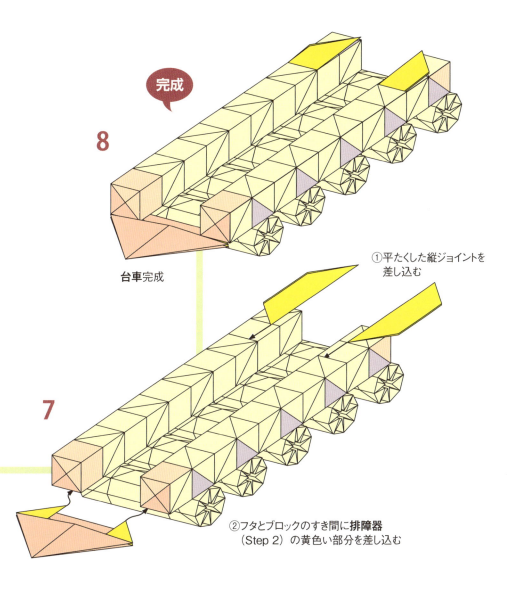

8

完成

台車完成

7

①平たくした縦ジョイントを差し込む

②フタとブロックのすき間に**排障器**（Step 2）の黄色い部分を差し込む

銀河鉄道の夜

111

Part ▶3 機関車を作る

Part 2で作った台車にボイラー、煙突、タンク、運転室、連結器を取りつけます。

使う用紙のリスト			3.75cm×3.75cm	7.5cm×7.5cm
機関車	ボイラー	Mユニット中	8	16
		ブロック中	2	8
		縦ジョイント	2	2
	運転室	ブロック中	1	4
		ブロック中	1	4
		縦ジョイント	2	2
	タンクと煙突	ブロック小	2	8
		フタ	6	6
		ジョイント	3	3
		接続パーツ	4	4
合計			21	36

*7cm×7cmに切る

Step 1 ボイラーの中身を作る

材料　Mユニット中×8

7.5cm角で折ったMユニット8個（25〜26ページの共通Step 1〜2）を開いてから組んでいきます。

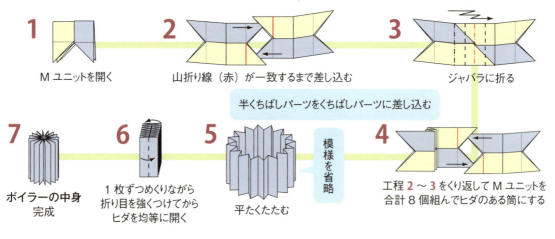

1. Mユニットを開く
2. 山折り線（赤）が一致するまで差し込む
3. ジャバラに折る
4. 工程2〜3をくり返してMユニットを合計8個組んでヒダのある筒にする
5. 平たくたたむ（模様を省略）
6. 1枚ずつめくりながら折り目を強くつけてからヒダを均等に開く
7. ボイラーの中身完成

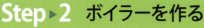

半くちばしパーツをくちばしパーツに差し込む

Step▶2 ボイラーを作る

材料　ブロック中×2＋縦ジョイント中×2　ボイラーの中身

7.5cm角で作った車軸の工程4（107ページ）と縦ジョイントを用意してください。

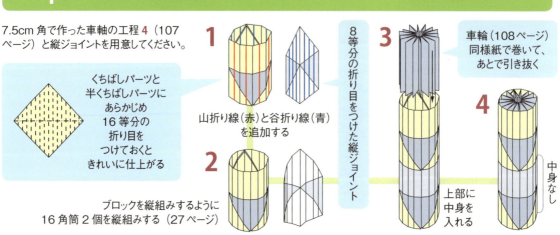

くちばしパーツと半くちばしパーツにあらかじめ16等分の折り目をつけておくときれいに仕上がる

1. 山折り線（赤）と谷折り線（青）を追加する
2. ブロックを縦組みするように16角筒2個を縦組みする（27ページ）
3. 8等分の折り目をつけた縦ジョイント　車輪（108ページ）同様紙で巻いて、あとで引き抜く
4. 上部に中身を入れる　中身なし　ボイラー完成

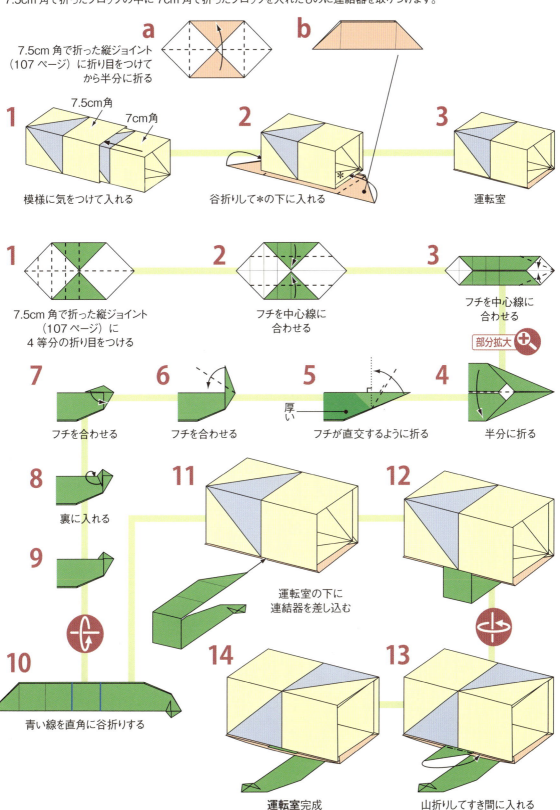

Step ▶ 4　タンクと煙突を作る

材料　ブロック小×2＋フタ×6　縦ジョイント×2＋3.75cm角

ブロック小（25〜26ページ）から煙突とタンクを作ります。

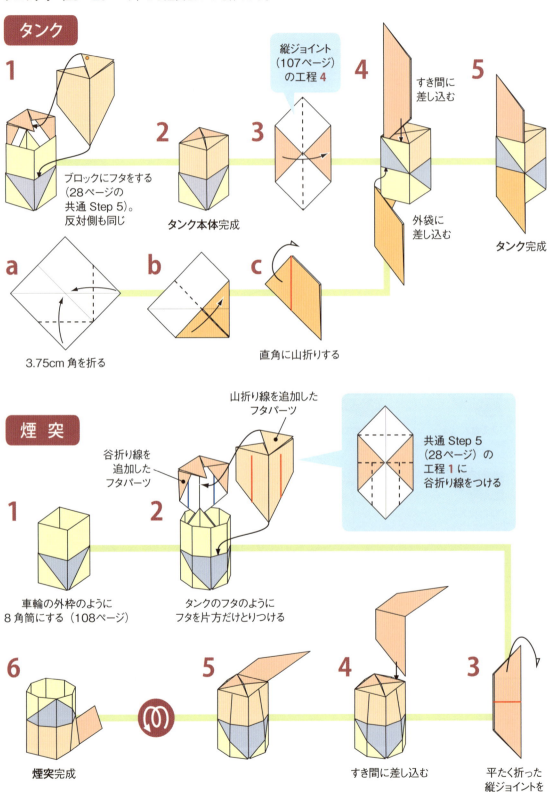

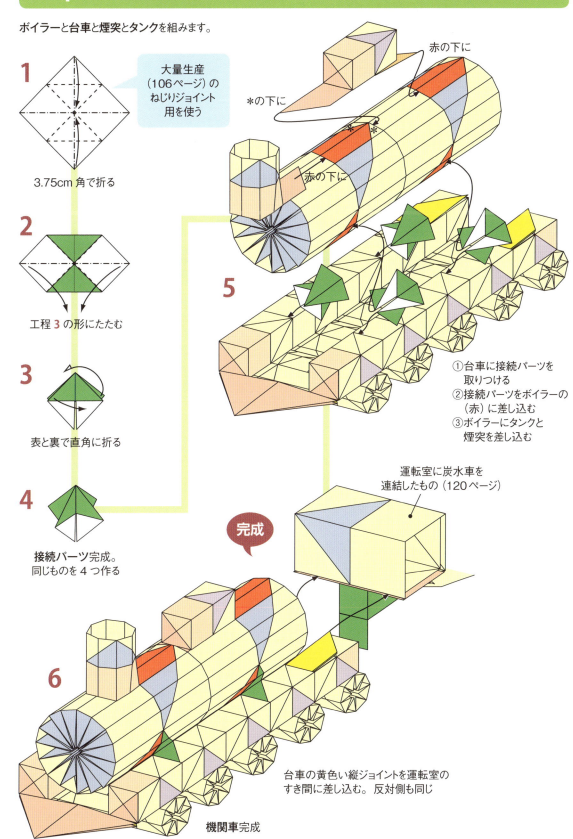

Part ▶ 4 炭水車を作る

炭水車は機関車のボイラーのお湯をわかすための石炭を積む車両で、機関車のすぐ後ろに連結されます。銀河鉄道の石炭は「ラッキースター」です。

使う用紙のリスト				3.75cm×3.75cm	7.5cm×7.5cm	15cm×15cm
炭水車	炭水車箱		1			1
	車輪×2	縦ジョイント	4	4		
		車軸 ブロック中	2		8	
		車軸枠 ブロック小	4	16		
	ねじりジョイント		4	4		
	短ジョイント		2		2	
	棚		1		1	
合計				24	11	1

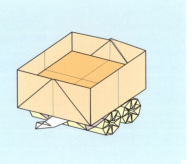

Step ▶ 1 炭水車箱を作る

材料 15cm×15cm

連結器がついた四角い箱を15cm角で折ります。

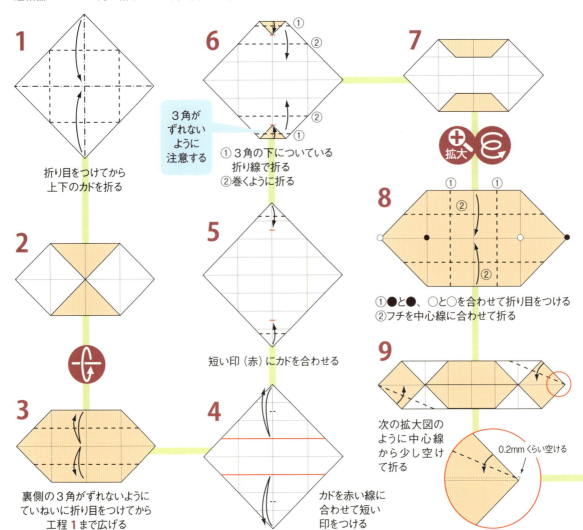

1. 折り目をつけてから上下のカドを折る
2.
3. 裏側の3角がずれないようにていねいに折り目をつけてから工程1まで広げる
4. カドを赤い線に合わせて短い印をつける
5. 短い印（赤）にカドを合わせる
6. ①3角の下についている折り線で折る ②巻くように折る
   3角がずれないように注意する
7.
8. ①●と●、○と○を合わせて折り目をつける ②フチを中心線に合わせて折る
9. 次の拡大図のように中心線から少し空けて折る　0.2mmくらい空ける

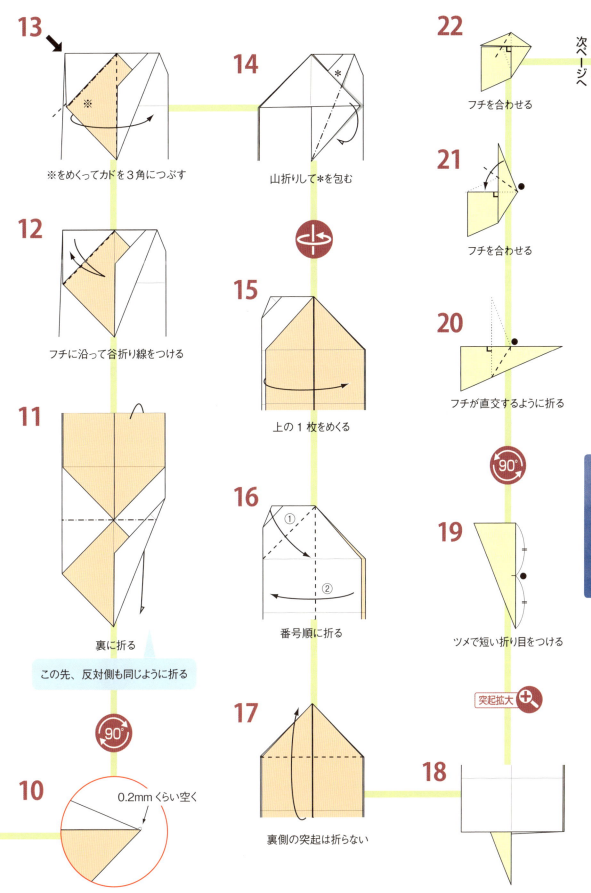

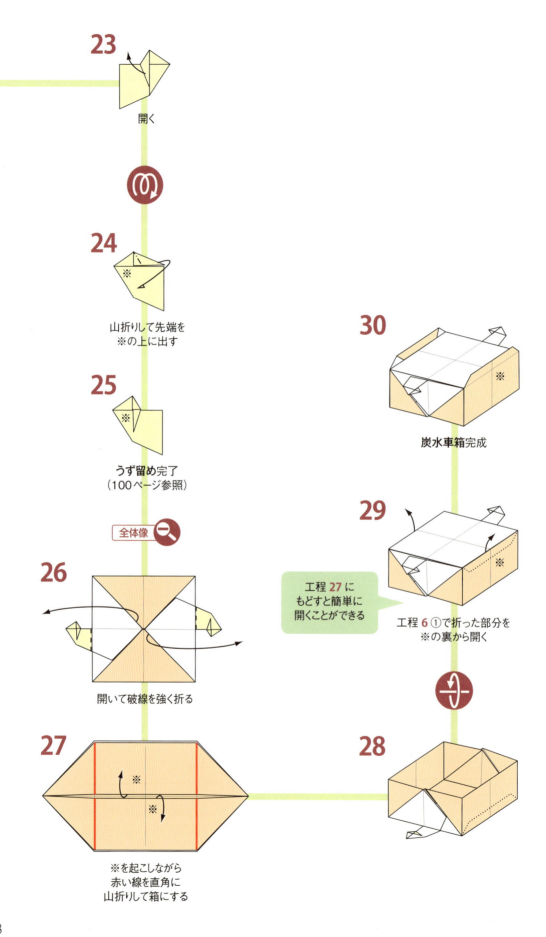

Step ▶ 2 車輪を取りつける

材料　炭水車箱＋車輪×2＋正・逆ねじりジョイント×各2 短ジョイント×2

まず、**ねじりジョイント**（109ページ）をつけた**車輪**（107〜108ページ）2本を組みます。

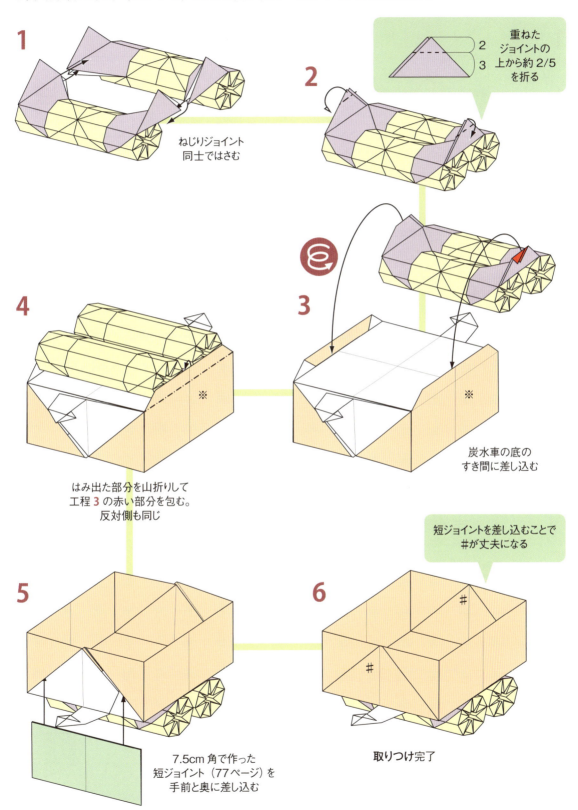

1　ねじりジョイント同士ではさむ

2　重ねたジョイントの上から約2/5を折る

3　炭水車の底のすき間に差し込む

4　はみ出た部分を山折りして工程3の赤い部分を包む。反対側も同じ

5　7.5cm角で作った短ジョイント（77ページ）を手前と奥に差し込む

6　短ジョイントを差し込むことで#が丈夫になる

取りつけ完了

銀河鉄道の夜

Step ▶ 3　棚を入れる

材　料　車輪つき炭水車＋7.5cm角

7.5cm角で折った棚を炭水車に入れます。

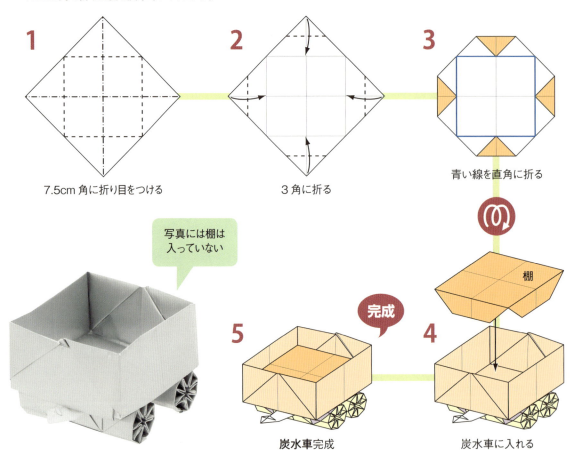

Step ▶ 4　炭水車を連結させる

材　料　炭水車＋運転室

連結器を**うず組み**（100ページ）します。炭水車をPart 3で作った**運転室**とつなぎましょう。

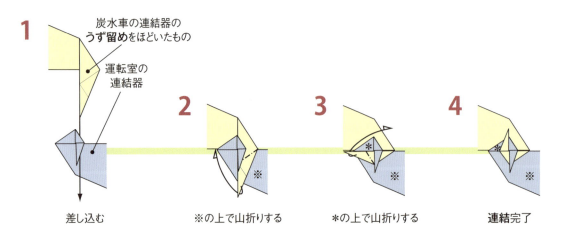

Part ▶5 客車を作る

基本構造は炭水車と同じです。

使う用紙のリスト				3.75cm×3.75cm	7.5cm×7.5cm	15cm×15cm
客車		客車の箱		1		2
	台車	補強材		2	2	
		ねじりジョイント		4	4	
		車輪×2	縦ジョイント	4	4	
			車軸 ブロック中	2	8	
			車輪枠 ブロック小	4	16	
		短ジョイント		2	2	
	客室	変則ブロック		4	16	
		短ジョイント		2	2	
		棚		2	2	
合計				20	36	2

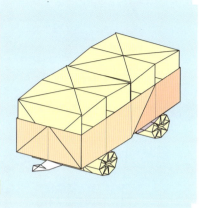

Step ▶1 客車の台車を作る

材料 15cm角×2＋7.5cm角×2
ねじりジョイント2個をとりつけた車輪×2

炭水車の2倍の長さの箱を作ります。炭水車 Step 1 の工程 7（116ページ）から始めます。

1
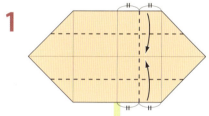
①縦の折り目をつけてからフチを中心線に合わせる
②工程 2 の黄色い部分を引き出す

2
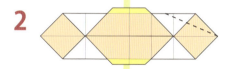
右側のみ炭水車箱の工程 9 ～ 27 のように折る

3
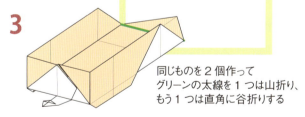
同じものを 2 個作って
グリーンの太線を 1 つは山折り、
もう 1 つは直角に谷折りする

7.5cm 角で補強材を折る

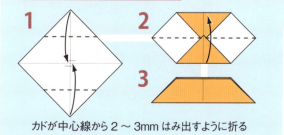

1 カドが中心線から 2 ～ 3mm はみ出すように折る
2
3

4
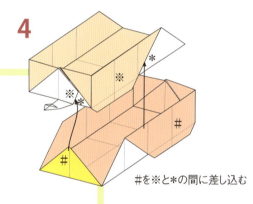
#を※と*の間に差し込む

5
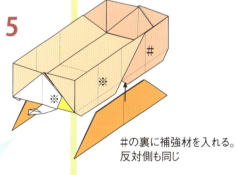
#の裏に補強材を入れる。
反対側も同じ

6
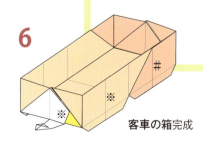
客車の箱完成

次ページへ

銀河鉄道の夜

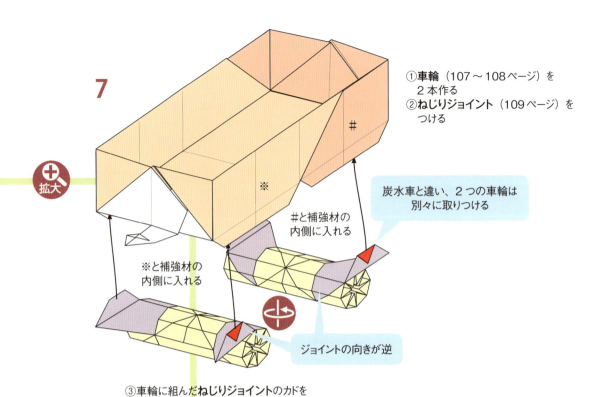

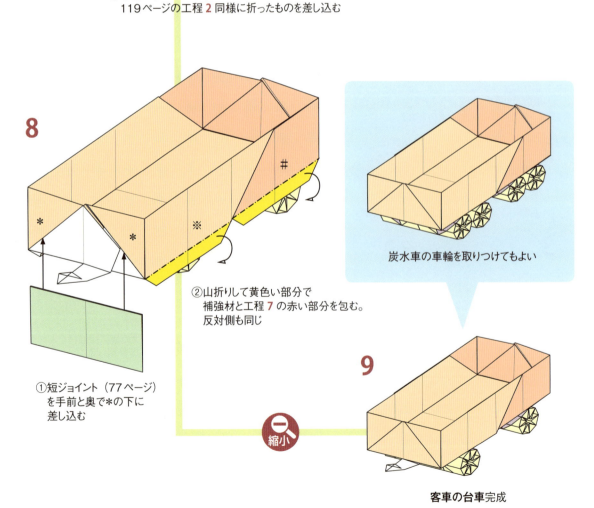

客車の台車完成

Step ▶ 2 客車を組み立てる

材料　客車の台車＋7.5cm角×18＋棚×2

7.5cm角で折った**くちばしパーツ**3個と**半くちばしパーツ**1個を組んだ「変則ブロック」で客室を作ります。

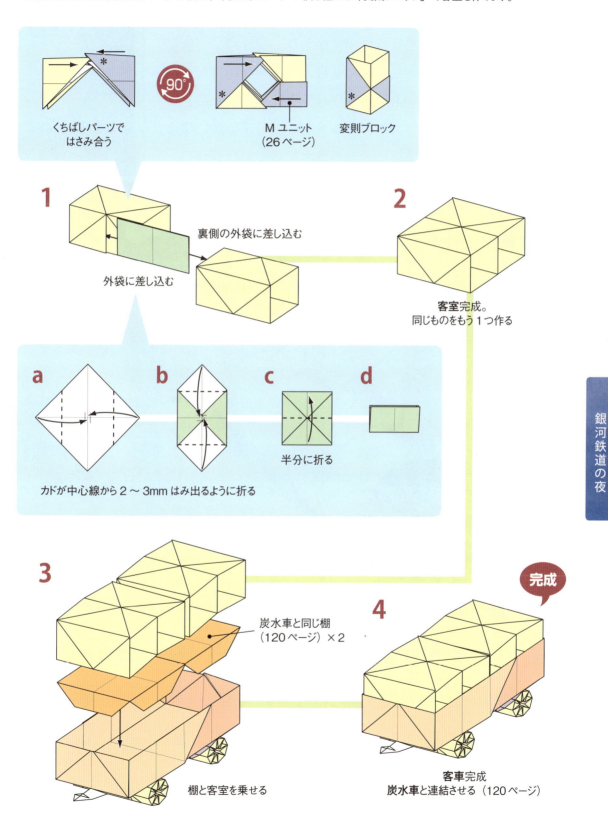

すぐまえの席には、親友のカンパネルラも乗っていました。銀河鉄道はふたりを乗せ、美しい不思議な夜空を旅します。とちゅうで検札があり、ジョバンニは自分の切符だけがどこまででも行ける特別な切符だと知ります。天上といわれるサウザンクロスでほとんどの客が降りていき、カンパネルラもいつのまにかいなくなってしまいます。……丘のうえで目覚めたジョバンニは、川で「こどもが水へ落ちた」ことを知ります。

ジャックと豆の木

むかし、ジャックという男の子とそのお母さんが住んでいました。お父さんは、ジャックが小さいころに雲の上からやってきた巨人に食べられてしまったのです。ある日、お母さんのつかいで町に牛を売りに行ったジャックは、とちゅうで会った男に「これは魔法の豆なんだよ」と言われ、牛を豆と交換してしまいます。お母さんはたいそう怒り、豆を窓から投げ捨ててしまいました。次の日の朝、ジャックが目を覚ますと、そこには……。

ジャックの豆の木

ポキンと折れた3角筒を組んで作った2本のツルを「立体的にうず組み」します。これに葉っぱを取りつけてジャックの豆の木にします。丈夫でガラスのコップに入れるとしっかり立ちます。魔法の豆の木なので、赤や黄色などの原色で作ってもおもしろいでしょう。

難易度 ★★

少し時間がかかる

Step▶1　ツルパーツを作る

用紙サイズ　7.5cm×7.5cm×16
用紙の種類　普通の色紙またはタントなど

紙の裏が外に出ます。白い面が気になる場合は両面同色の紙で折ってください。

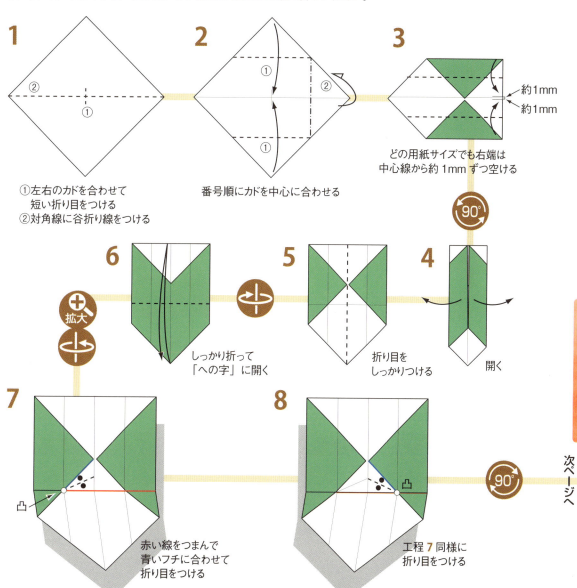

1
①左右のカドを合わせて短い折り目をつける
②対角線に谷折り線をつける

2
番号順にカドを中心に合わせる

3
約1mm
約1mm
どの用紙サイズでも右端は中心線から約1mmずつ空ける

4
開く

5
折り目をしっかりつける

6
しっかり折って「への字」に開く

7
赤い線をつまんで青いフチに合わせて折り目をつける

8
工程7同様に折り目をつける

次ページへ

ジャックと豆の木

127

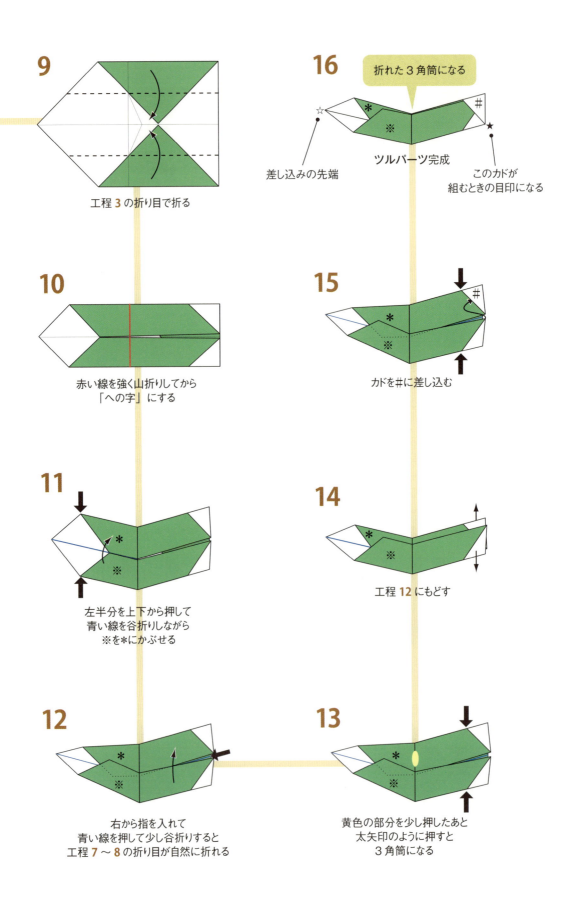

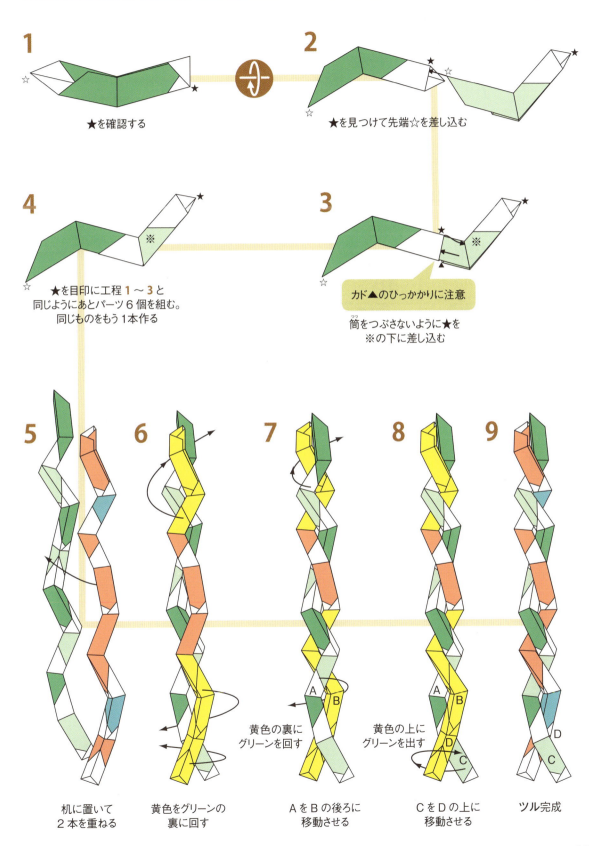

Step ▶3 葉っぱを作る

用紙サイズ 7.5cm×7.5cm
用紙の種類 普通の色紙またはタントなど

工程 4a 〜 4c を折ると、葉脈のある葉っぱになります。

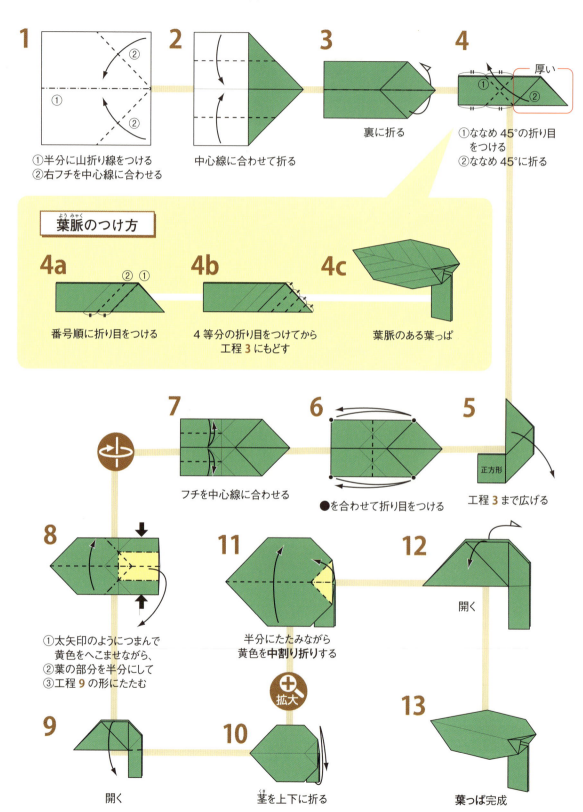

Step▶4 葉っぱをつける

材料 Step 2のツル×2本 / Step 3の葉っぱ×好きな数

ツルに葉っぱを取りつけます。葉っぱの位置と枚数は自由です。

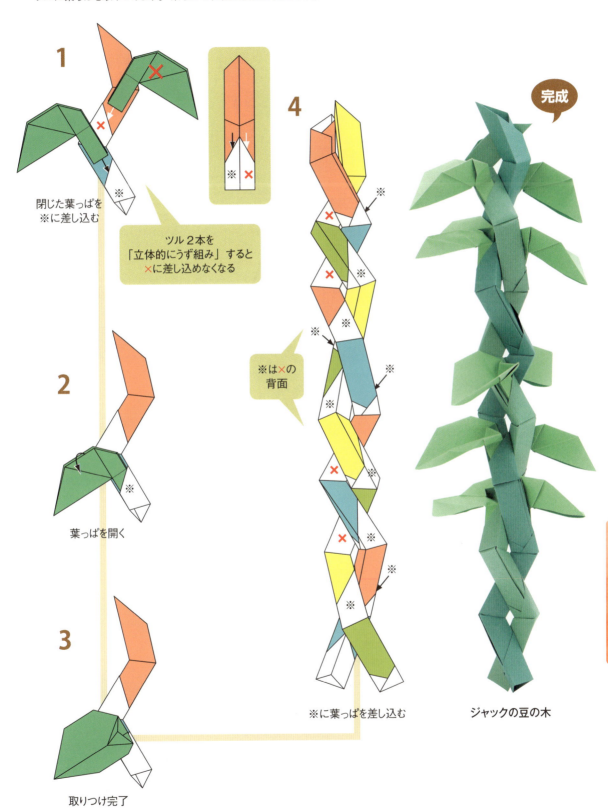

ジャックの豆の木

豆は巨大な木に成長していました。ジャックは豆の木をのぼって、雲のうえにある巨人の城にたどりつきます。城が怪物のすみかだと気づいたジャックは隠れて、巨人が寝たあとに金の卵を産むにわとりを盗んで逃げます。その後、ジャックはふたたび城に行きますが、巨人が目をさましてしまいます。必死で豆の木を下りようとするジャックに、巨人の手が追ってきます。

写真に使用した用紙一覧

おはなし	作品	使った用紙
星の王子さま	ヒツジ	普通の折り紙
	バオバブ	葉　タント　70kg
		幹　ハトロン紙
	群生するバラ	すべて　タント　70kg
	王子さまの薔薇	タント　70kg
	キツネ	タント　70kg
浦島太郎	海亀	ヴィンテージゴールド　アンティク　63kg
	ヒラメ	ヴィンテージゴールド　ブロンド　63kg
	竜宮城	すべて　タント　70kg
シンデレラ	かぼちゃの馬車	すべて　タント　70kg
	シンデレラのお城	ペルーラ　スノーホワイト　90kg（白）
		タント　70kg（青、グレー）
銀河鉄道の夜	星の輝き	ホイル紙
	お星さま	KOMA　ルミネカラーおりがみ （片面ホイル、片面色紙の両面折り紙）
	ラッキースター	ホイル紙、ハイピカ E2F　ゴールド　55kg
		ニューメタルカラー　シルバー　70kg
		オフメタル銀　68kg
	スーパーノヴァ	ホログラムおりがみ
	銀河鉄道	ニューメタルカラー　シルバー　80kg
ジャックと豆の木	ジャックの豆の木	タント　70kg

おわりに

　中学生のとき、サン＝テグジュペリ著『星の王子さま』に出会いました。それ以来、王子さまがキツネに教えられた「大切なことは目に見えない。心で見ること」という言葉を道標(みちしるべ)に生きてきました。20代半ばに自分にとって本当に大切なものが「折り紙」であることに気づき、35年余り折り紙に全力をそそいできました。

　大好きな『星の王子さま』をテーマにした折り紙の本を作ることを思いついて、2年をかけて本書を完成させました。「マフラーをした王子さまの折り紙がない」と思われる読者もいるかもしれません。「いちばん大切なものは目に見えない」ので、王子さまの姿を折り紙にすることはあえてしませんでした。その代わりに、王子さまが姿を消したときに砂漠の上で輝いていた星を「お星さま」で、王子さまを「星の輝き」という作品で表現しました。

　王子さまの星に咲く一輪のバラを作るために、バラをユニット折り紙にしました。最初は平面的だった「ジャックの豆の木」は改良を重ねて、「うず組みの立体化」という新技法にたどり着きました。銀河鉄道、シンデレラのお城、竜宮城でもさまざまな技法を使っています。これらをマスターして、読者の皆さんが好きな建物を作っていければ、楽しみも倍増することでしょう。

　今回は、編集の谷岡美佐子さんに「ものがたりの森」に案内されました。筆者の折り紙作りは気まぐれ。しばしば迷子になりましたが、谷岡さんに示された道を進むとなぜか作品が完成しました。そして、素敵な一冊にまとめていただきました。本当にありがとうございました。また、これまで以上に多くの方々に支えていただきました。この本を美しくまとめてくださったデザイナーの鈴木悦子さん、筆者が描いたミスだらけの折り図をきれいに仕上げてくださったDTPの松田祐加子さん、作品に命を吹き込んでくださった写真家の米倉祐貴さん、素敵なイラストを描いてくださったイラストレーターの松屋真由子さん、作品制作を手伝ってくださった同僚の櫛田雅弘さん。大変お世話になりました。この場を借りてお礼申し上げます。ありがとうございました。

2016年11月　川崎敏和

おとぎの国の夢折り紙

2016年12月25日 初版第1刷発行

著者　川崎敏和
写真　米倉裕貴
イラスト　松屋真由子
装丁・デザイン・DTP　プールグラフィックス

発行者　原 雅久
発行所　株式会社 朝日出版社
〒101-0065　東京都千代田区西神田3-3-5
電話　03-3263-3321（代表）
http://www.asahipress.com
印刷・製本　図書印刷株式会社

ISBN978-4-255-00975-9 C0076

乱丁・落丁本はお取り替えいたします。

無断で複写複製することは
著作権の侵害になります。

定価はカバーに表示してあります。

©Toshikazu Kawasaki 2016
Printed in Japan

川崎敏和（かわさき・としかず）

折り紙作家。阿南工業高等専門学校教授。1955年生まれ。折り鶴変形理論で博士号（数理学）を取得。次々に独創的な折り紙を考案。とくに「ばら」は"Kawasaki Rose"とよばれ、世界的に高く評価されている。日々、高専で教鞭をとって学生と向き合いながら、折り紙の創作活動を行い、講演等で国内外を飛び回っている。著書に『バラと折り紙と数学と』（森北出版）、『折り紙夢WORLD』『折り紙夢WORLD 花と動物編』『博士の折り紙夢BOOK』『究極の夢折り紙』『博士の実用夢折り紙』『ばらの夢折り紙』（小社刊）など。